EN EL NOMBRE DEL HIJO.
CARTAS DE MARTÍN CORTÉS Y CATALINA PIZARRO

INSTITUTO DE INVESTIGACIONES FILOLÓGICAS
CENTRO DE ESTUDIOS MAYAS

COORDINACIÓN DE HUMANIDADES
UNIDAD ACADÉMICA DE CIENCIAS SOCIALES Y HUMANIDADES

En el nombre del hijo

Cartas de Martín Cortés
y Catalina Pizarro

María del Carmen Martínez Martínez
EDITORA

UNIVERSIDAD NACIONAL AUTÓNOMA DE MÉXICO
MÉXICO, 2006

Primera edición: 2006

D.R. © 2006, UNIVERSIDAD NACIONAL AUTÓNOMA DE MÉXICO
INSTITUTO DE INVESTIGACIONES FILOLÓGICAS
Circuito Mario de la Cueva
Ciudad Universitaria, C. P. 04510, México, D. F.
www.filologicas.unam.mx
www.etienda.unam.mx
iifl@servidor.unam.mx

Departamento de publicaciones del IIFL
Tel. 5622 7347, fax 5622 7349
Librería del IIFL
Tel. 5622 7500

UNIDAD ACADÉMICA DE CIENCIAS SOCIALES Y HUMANIDADES
Calle 43 s. n., x 44 y 46
Col. Industrial
Mérida, Yucatán, C. P. 97150
Tel. 01 (999) 9228 447/8
mhruz@avantel.net

ISBN 970-32-3214-0

AGRADECIMIENTOS

En la realización de este trabajo he contado con el apoyo y cariño de muchas personas a quienes deseo expresar mi gratitud. En primer lugar a todo el personal del Archivo de la Real Chancillería de Valladolid, por su atención y consideración y, de manera especial, a su director Eduardo Pedruelo. A Mauricio Herrero, generoso siempre con su saber, y a Irene Ruiz les agradezco su inestimable ayuda en la solución de las dudas paleográficas y a Juan Francisco Domínguez, su labor en la fijación de los textos latinos. A Mario Humberto Ruz mi más sincero agradecimiento por su cordialidad y amistad desde el otro lado del Atlántico. A Carlos por su comprensión, generosidad y paciencia durante el tiempo dedicado a este trabajo.

Valladolid, España, 10 de diciembre de 2004

ABREVIATURAS UTILIZADAS

AGI	Archivo General de Indias (Sevilla)
AGS	Archivo General de Simancas (Valladolid)
ARChV	Archivo de la Real Chancillería de Valladolid
cap.	capítulo
doc.	documento
DRAE	*Diccionario de la lengua de la Real Academia Española*
dir.	director
ed.	editor
lib.	libro
s.a.	sin año
s.l.	sin lugar
t.	tomo
vol.	volumen

ESTUDIO INTRODUCTORIO

A los numerosos textos conocidos de Hernán Cortés se suman las cartas inéditas de sus padres, Martín Cortés y Catalina Pizarro, que se publican en esta ocasión.[1] La importancia del conjunto radica tanto en que son, hasta la fecha, los únicos testimonios epistolares conocidos de los progenitores de Cortés, como en el interés de los asuntos que sus autores reflejaron en ellas.

I. Veinte cartas en un pleito

Las cartas de Martín Cortés y de Catalina Pizarro, base de este trabajo, son algunas de las muchas que Francisco Núñez, relator del Consejo Real, reunió en su archivo durante los más de 20 años en que se ocupó de los asuntos de Hernán Cortés. En un primer momento actuó comisionado por don Martín y más adelante por Cortés que, con su decisión de confiar en el pariente, hizo realidad el deseo paterno de que fuese Núñez su hombre de confianza en la península. Convencido de que lo mantendría puntualmente informado regresó Cortés a Nueva España en 1530.

La relación epistolar de Hernán Cortés con el licenciado Francisco Núñez,[2] además de un interesante indicador de sus aspiraciones, preocupaciones y deseos, es la crónica anunciada de la ruptura que, sin posibilidad alguna de reconciliación, se produjo en los primeros días de marzo de 1544, cuando Cortés lo revocó como su procurador.[3] A partir de entonces

---

[1] Este trabajo se ha realizado dentro del proyecto de investigación "La tradición Clásica y Humanística en España e Hispanoamérica" (Proyecto BFF2003-06547-C03-01) y contó con el apoyo financiero de la Consejería de Cultura de la Junta de Castilla y León (LE59/04).

[2] El texto de 47 cartas que Cortés escribió al licenciado Núñez se publicó bajo el título de Hernán Cortés, *Cartas y memoriales* (ed. de Mª del Carmen Martínez Martínez). León, Consejería de Cultura y Turismo; Universidad de León, 2003.

[3] Valladolid, 5 de marzo de 1544. Archivo General de Simancas, en adelante AGS, Consejo Real, 588-7. Es conveniente recordar que en aquellas fechas Cortés tenía 60 años y que en su carta a don Carlos de 3 de febrero de ese año no ocultó la desilusión

el continuo tira y afloja entre ambos tuvo como telón de fondo la reivindicación de Núñez para que le pagase sus honorarios y devolviese las cantidades adelantadas en la atención de sus asuntos. En tal contexto cualquier motivo o reproche era bueno para evidenciar las malas relaciones.

En la primavera de 1545 ambos personajes se encontraban en Valladolid, asiento de la Corte. En la ciudad castellana tenía su sede la Real Chancillería, tribunal en el que se siguió el pleito que interpuso el marqués del Valle contra el licenciado Núñez reclamándole cierta cantidad.[4] El 10 de septiembre de 1545 el alcalde Villagómez pronunció sentencia a favor de Núñez. El fallo no agradó a Cortés que días más tarde lo apeló. Las gestiones de sus procuradores prosiguieron en la Real Chancillería y, a finales de septiembre de 1546, cuando la muerte sorprendió a Núñez, no se había dictado sentencia de revista. La desaparición de Núñez no puso fin al empeño de Cortés en lograr un dictamen favorable ya que solicitó que el litigio fuese continuado por sus herederos. Así, fue recogido por la viuda de Núñez que, en marzo de 1547, como tutora de los hijos del matrimonio, designó procuradores para proseguir la causa.[5] Ese mismo año, el 2 de diciembre, fallecía Cortés en Castilleja de la Cuesta sin que se hubiese dictado sentencia definitiva.

En el transcurso del mencionado proceso Núñez exhibió una serie de documentos que probaban su dedicación a los asuntos de Cortés desde fechas

---

que le embargaba y que también afectó su relación con el licenciado Núñez: "Pensé que el haber trabajado en la juventud me aprovechara para que en la vejez tuviera descanso...". *Documentos cortesianos* (ed. de José Luis Martínez). México, 1990-1992. vol. IV, p. 267. En adelante los documentos de esta recopilación se citarán como *Documentos cortesianos*, con detalle del volumen y páginas.

[4] La cuantía solicitada por Cortés ascendía a 5 500 ducados, valor estimado de un sillón de plata que le había confiado a su regreso a Nueva España. Archivo de la Real Chancillería de Valladolid, en adelante ARChV, Pleitos Civiles, Zarandona y Balboa, Olvidados, Caja 145-2. El pleito está incompleto y en él no se conserva la demanda, a la que respondió Núñez el 30 de mayo de 1545 con la presentación de varias escrituras.

[5] Palencia, 20 de marzo de 1547. Isabel Rodríguez designó como procuradores a su criado Miguel Sánchez, a Juan de Ribera, solicitador ante la Real Audiencia de Valladolid, y al obispo de Palencia. En aquel documento se incorporó el texto de la curaduría de sus hijos obtenida en Madrid el 1º de octubre de 1546, seis días después del fallecimiento de su marido. ARChV, Pleitos Civiles, Zarandona y Balboa, Olvidados, Caja 145-2, fols. 298r-300. El documento fue presentado en la Real Chancillería el 21 de octubre de 1547.

muy tempranas. La muestra, seleccionada interesadamente, incluía cartas de Cortés, de sus padres y de otros personajes que de una u otra manera estuvieron implicados en los asuntos del conquistador. En esta ocasión nos ocuparemos de las misivas escritas por los progenitores de Hernán Cortés.

Las 20 cartas de esta edición —19 de Martín Cortés y una de Catalina Pizarro— fueron escritas por los padres de Cortés a su sobrino el licenciado Francisco Núñez. En dos ocasiones don Martín también incluyó como destinatario a Hernán López Caldera, vecino de Sevilla, a quien confió algunos asuntos de su hijo (docs. 17 y 18). La mayoría de las cartas originales exhibidas en el proceso fueron devueltas al licenciado Núñez tras incorporar al pleito un traslado.[6] No obstante, es posible conocer la grafía de Martín Cortés, de letra menuda y experimentada en el arte de la pluma, y la temblorosa de Catalina Pizarro, en las dos misivas originales que de los padres del conquistador se conservan en el proceso (docs. 8 y 20) y en las que, además, figura la firma autógrafa del marqués del Valle en el reconocimiento que hizo de aquellos textos el 6 y el 26 de junio de 1545, siendo testigos de su declaración Andrés de Tapia y Juan de Villanueva.

Las misivas fueron redactadas por el padre de Cortés en Medellín (13), Sevilla (4), Trujillo (1) y Alange (1). La de Catalina Pizarro fue firmada de su puño y letra el 20 de diciembre de 1529 en Mérida, cuando ya se habían iniciado los preparativos del viaje que, en compañía de su hijo, la llevaría a Nueva España. La primera carta de don Martín al licenciado Núñez la hemos situado en 1522 y la última a finales de junio de 1527. Estas fechas no marcan el principio ni el fin de aquella relación epistolar, sólo de la muestra aquí considerada y por ahora conocida. Las citas que encontramos en estas cartas permiten afirmar que don Martín escribió otras muchas que no han sido halladas o tal vez se han perdido para siempre.[7]

---

[6] El 11 de agosto de 1545, ante el escribano Juan Vázquez, se sacó traslado de algunas de las cartas presentadas por Núñez y ese mismo día firmó la devolución de aquellos originales.

[7] En este sentido don Martín respalda en sus cartas lo afirmado: "Cuando vino el señor Hordás os tenía escripto" (doc. 2); "Tres cartas suyas he recibido a las cuales respondí largo", "Allá os escribí cómo un fray Pedro Melgarejo" (doc. 4); "Por la vía de Salamanca os escribí largo", "Yo escribo a Juan de Ribera" (doc. 5); "Escribo al señor

El contexto político de los años en los que Martín Cortés y el licenciado Núñez mantienen su relación epistolar es muy complejo, tanto en la península como en la Nueva España. La narración de los hechos obliga a seguir un guión en el que se van sumando los escenarios y actores, algunos principales y otros secundarios. De forma sucinta, el discurrir de los acontecimientos en los cinco años que abarcan las cartas de don Martín al licenciado Núñez es el siguiente: el de Medellín, dejando a un lado las instrucciones de Diego Velázquez, se convirtió en promotor de una empresa que lo llevó a la conquista de la Nueva España, decisión que lo enfrentó directamente con Velázquez y sus partidarios. En la península, los procuradores Montejo y Portocarrero, enviados por Cortés y portadores de un rico presente, fueron escuchados por el regente Adriano de Utrecht. En aquellos años, en Castilla, una de sus mayores pesadillas la representó Juan Rodríguez de Fonseca, obispo de Burgos y claro defensor de los intereses del gobernador de Cuba. Fue precisa la mediación del doctor Carvajal para neutralizarlo y muy favorable para sus intereses el dictamen de la comisión que, presidida por el canciller Gattinara, entendió en la contienda entre Velázquez y Cortés y decidió la separación de Fonseca de los asuntos indianos. Superado aquel escollo, en septiembre de 1522 Cortés vio reconocida su empresa con el nombramiento de gobernador, capitán general y justicia mayor de Nueva España aunque con la limitación que suponía la designación de oficiales reales. En lo personal, en ese año sufrió la pérdida de su esposa Catalina Suárez.

Ya como gobernador, su actividad fue incansable. En 1523 desbarató los planes y pretensiones en Pánuco de Francisco de Garay a quien se

---

dotor Carvajal ... y ansimismo escribo a la señora doña Beatriz ... y ansimismo al señor Diego de Carvajal e al señor Burgueño" (doc. 5); "Diréis a Juan de Ribera que mi carta va más breve" (doc. 6); "conforme con lo que yo tengo escripto a mi hijo", "porque yo os escribo largo en esas cartas" (doc. 7); "A Juan de Ribera escrebí", "ya yo os escrebí", "una carta escribo a fray Pedro Melgarejo" (doc. 8); "sobre esto del casamiento os escrebí largo y a fray Pedro y a Juan de Ribera", "Yo escribo a Juan de Ribera" (doc. 10); "Si por caso os dijere Ribera que le escrebí, entiéndese en la negociación, es verdad" (doc. 11); "Hará cuatro días que os escrebí", "Escribo al duque [de Béjar]" (doc. 12); "escrebí al duque y al señor don Álvaro" (doc. 13); "Yo he escrito por dos partes al duque" (doc. 14); "Al señor dotor escribo" (doc. 15); "con Caldera escribí" (doc. 16); "escribo al duque y conde y don Álvaro y van juntas con mis cartas" (doc. 17).

prohibió inmiscuirse en aquel ámbito y en cualquier otro lugar en el que hubiese poblado Cortés. Ambos personajes sellaron su encuentro en tierras novohispanas con el acuerdo de casar al primogénito de Garay con Catalina, hija de Cortés. En diciembre de 1523 falleció Garay y no faltaron voces que hicieran al gobernador responsable de su muerte.

Mientras, en la península, en el verano de 1524, iniciaba su andadura el recién creado Consejo de Indias. En ese año Cortés tuvo que hacer frente al levantamiento de Cristóbal de Olid lo que le llevó, desoyendo los consejos más sensatos, a encabezar la expedición a las Hibueras. En su ausencia, en México se vivió una etapa de desórdenes y desasosiegos. Cortés, conocidas las disensiones entre el tesorero Alonso de Estrada y el contador Rodrigo de Albornoz, ordenó el regreso a la capital del factor Gonzalo de Salazar y del veedor Peralmíndez Chirinos que lo acompañaban y les entregó un doble poder para proceder según la situación que encontrasen. En él disponía que, restablecida la concordia entre los dos primeros, deberían gobernar los cuatro oficiales reales pero de no ser así el gobierno sería asumido por Salazar y Chirinos, dejando en manos de Alonso de Zuazo la administración de justicia. La concordia no fue posible y la situación todavía se complicó más con la actuación de Rodrigo de Paz, pariente de Cortés que fue cruelmente ajusticiado en el verano de 1525. Zuazo fue obligado a regresar a Cuba y el gobierno quedó en manos de Salazar y Chirinos que dieron por muerto a Cortés. La alegría les duró poco porque éste volvió a México y asumió de nuevo el gobierno en junio de 1526. Pocos días después de entrar en la capital, Cortés conoció la llegada del juez de residencia Luis Ponce de León, que poco pudo hacer al sorprenderle la muerte cuando no había pasado ni un mes en la Nueva España. Cortés trató de contrarrestar los comentarios que lo hacían responsable de su fallecimiento, propagados sobre todo por el dominico fray Tomás Ortiz, enviando a la península el informe de los médicos que lo atendieron y dando cuenta del comportamiento del fraile a García de Loaysa, general de la Orden y presidente del Consejo de Indias. Ponce de León antes de morir dejó encomendado el gobierno al licenciado Marcos de Aguilar que, pese a su apariencia débil, actuó con decisión al obligar a Cortés a renunciar a los cargos que tenía. Aguilar murió en marzo de 1527 y fue sustituido en el gobierno de la Nueva España por Gonzalo de Sandoval y Alonso de Estrada.

13

Por aquellas fechas Cortés puso todo su entusiasmo y recursos en la empresa de la especería y dio oportunas indicaciones para la obtención de una capitulación. Aquel ambicioso proyecto se lo encargó a su primo Álvaro de Saavedra Cerón a finales de octubre de 1527. Alonso de Estrada, que desde agosto de 1527 gobernaba solo la Nueva España, desterró a Cortés de la ciudad de México. La enredada situación determinó el nombramiento de una Audiencia gobernadora, lo que apartó a Cortés definitivamente de las tareas de gobierno y puso fin a la etapa del tesorero Alonso de Estrada. Por su parte, Pánfilo de Narváez, durante su estancia en la Corte, logró que se prohibiese la impresión de sus *Relaciones*. La conveniencia de dar cuenta al rey de los servicios prestados y de los agravios recibidos hizo a Cortés regresar a la península. A comienzos de junio de 1528 se encontró en Guadalupe con su primo el licenciado Núñez y juntos se trasladaron a la Corte.

Durante su estancia en España no desaprovechó ocasión alguna para solicitar la gobernación, aunque tuvo que conformarse con el título de capitán general de la Nueva España y el nombramiento de marqués del Valle de Oaxaca. De poco sirvieron en esta ocasión las ventajosas relaciones que le proporcionó su matrimonio con la sobrina del duque de Béjar.

II. Los autores: Martín Cortés y Catalina Pizarro

Los nombres de los padres de Cortés quedan reducidos, en la mayoría de las ocasiones, a una cita obligada al trazar la biografía del personaje para luego desvanecerse y apenas dejar rastros. Entre los cronistas el más explícito fue Francisco López de Gómara que dijo que ambos eran hidalgos y situó a don Martín, hombre devoto y caritativo, en los desórdenes de la Castilla feudal al lado de su pariente Alfonso de Hermosa, militante en el bando del clavero de Alcántara Alonso de Monroy, que aspiraba a convertirse en maestre de la Orden.[8] Condición de hidalgo que precisó Las Casas al afirmar que era "harto pobre y humilde, aunque cristiano viejo y

---

[8] Francisco López de Gómara, *La conquista de México* (ed. de José Luis de Rojas). Madrid, Historia 16, 1987, p. 35. En adelante las citas de las crónicas se abreviarán con el nombre del autor.

dicen que hidalgo".[9] Poco es lo que conocemos de la dama, perteneciente a una reconocida familia de hidalgos e hija de Diego Altamirano y Leonor Pizarro.[10] Gómara destacó su condición de "Doña" y que era "muy honesta, religiosa, severa y reservada",[11] virtudes que también ensalzan otros testimonios al subrayar que "Catalina no fue inferior a ninguna mujer de su tiempo en honradez, modestia y amor conyugal".[12]

La vida de Martín Cortés y Catalina Pizarro se vio alterada por los acontecimientos que al otro lado del Atlántico protagonizó su hijo. Aquel muchacho que, si seguimos a Gómara, se había mostrado enfermizo en la infancia, desobediente a los deseos paternos en su etapa salmantina y que era de carácter "bullicioso, altivo, travieso, amigo de armas" les dio en la madurez de su vida grandes alegrías y no pocas preocupaciones derivadas de la atención de los asuntos en los que se vio inmerso.

Los datos sobre los padres de Cortés a partir de 1519 no son más abundantes que los disponibles para la etapa anterior. Los cronistas ofrecen breves pinceladas aquí y allá, difuminadas en la narración de los hechos protagonizados por el hijo o en el comentario de los sucesos que de aquéllos se derivaron. Si las menciones sobre don Martín son escasas, como tendremos ocasión de comprobar, no tenemos mejor suerte con doña Catalina, aludida por el conquistador en alguna carta como "mi señora", según se advierte en la que comunicó a Núñez su muerte.[13]

Martín Cortés no tuvo ocasión de volver a ver a su hijo, él mismo debió de intuirlo cuando en abril de 1527 escribió a su sobrino: "yo ando muy mal dispuesto y no querría poneros en cuidado de enterrarme ni

---

[9] Fray Bartolomé de las Casas, *Historia de las Indias* (edición crítica de Isacio Pérez Fernández). Madrid, Alianza, 1994, lib. III, cap. XXVII.

[10] Don Diego había sido mayordomo de doña Beatriz Pacheco, condesa de Medellín. Declaración de Juan Núñez de Prado en la información sobre el hábito de Santiago que solicitó Hernán Cortés. *Documentos cortesianos*, vol. I, p. 342.

[11] Francisco López de Gómara, p. 35.

[12] Así se refiere el autor de *De rebus Gestis Ferdinandi Cortesii*. Texto atribuido a Francisco López de Gómara, en *Colección de documentos para la historia de México*. Publicada por Joaquín García Icazbalceta. México, Porrúa, 1971, t. I, p. 310.

[13] En aquella misiva escrita en Nueva España el 22 de octubre de 1530 le comunicó: "y así murió mi señora y un hijo que parió la marquesa". Hernán Cortés, *Cartas y memoriales*, p. 209.

yo, por todos los bienes del mundo, no querría morir fuera de mi casa" (doc. 17). Hasta el último momento siguió dirigiendo, aun desde la cama, el continuo despacho de correos para las personas más influyentes en la Corte al tiempo que, con la curiosidad que heredó el hijo, se hacía eco en sus misivas de cuanto acontecía.

Las cartas conocidas de los padres de Cortés al licenciado Francisco Núñez permiten arrojar algunas luces sobre la sombra que se cierne sobre ellos. La lectura de este interesante conjunto epistolar sirve sobre todo para comprobar el activo papel desempeñado por don Martín en unos años cruciales para la defensa de los intereses de Cortés. Por ello, su contenido es de "una única sustancia" o lo que es lo mismo, casi no hay lugar para otros sucesos o acontecimientos y cuando aparecen son de índole personal, familiar o doméstica. Así, por ejemplo, encontramos referencias a su estado de salud y comentarios sobre sus achaques, alusiones a su estado de ánimo o datos acerca de la intensa actividad desplegada por don Martín con la pluma y que incluso, en un determinado momento, le lleva a afirmar "estoy cansado de escrebir" (docs. 3, 4, 10 y 11). Con leves pinceladas entre aquellos renglones don Martín se preocupa por la salud de su sobrino, desea un buen parto a su mujer, sigue atento las conversaciones para casar a una de sus sobrinas, recomienda las gestiones de sus allegados, se interesa por la adquisición de algunas propiedades o da cuenta de las adquiridas. Más emotiva se muestra doña Catalina que, como abuela, no puede reprimir la preocupación por el pequeño Martín, el hijo de Cortés y doña Marina, que acompañó a su padre en su primer viaje de regreso a la península y por cuya voluntad expresa permanecería en la Corte.

III. El licenciado Francisco Núñez

El licenciado Francisco Núñez era hijo del escribano salmantino Francisco Núñez de Valera[14] y de Inés Gómez de Paz, hermana por parte de

---

[14] Sobre sus antepasados debían planear algunas sombras ya que por real cédula de 19 de febrero de 1530 se ordenó a los inquisidores de Valladolid que averiguasen si "Francisco Núñez de Valera, escribano del número de Salamanca, difunto, e Inés Gómez de Paz, su mujer, o cualquier dellos son hijos o nietos de quemados o de reconcilia-

padre de Martín Cortés. En casa de sus padres residió Hernán Cortés durante el tiempo que, siendo mancebo, estuvo en Salamanca dedicado al estudio.[15] La estancia en el hogar de los parientes la recordó Cortés desde la Nueva España y no desaprovechó la ocasión para expresar un especial cariño hacia aquella mujer que lo había tratado como a un hijo y a la que hizo partícipe de sus sentimientos en la carta que le escribió en 1524.[16] Aquella cercanía debió de borrarla el paso del tiempo o se tornó en indiferencia interesada, y aun desprecio, si tenemos en cuenta su declaración en alguno de los interrogatorios a los que respondió a raíz de sus diferencias con el licenciado Núñez.[17] El primo, en defensa de su madre, se ocuparía de recordarle aquella etapa.[18]

dos". Archivo General de Indias (Sevilla), en adelante AGI, Indiferente, 422, L.14, fol. 36v. Carlos Pereyra, *Hernán Cortés*. México, Espasa Calpe, 1969, p. 21, calificó al tío de Cortés como "preceptor de gramática". Christian Duverger, *Cortés*. París, Fayard, 2001, p. 62, además de mencionar su actividad como escribano lo sitúa como profesor en el estudio salmantino. Bartolomé Bennassar, *Hernán Cortés. El conquistador de lo imposible*. Madrid, Temas de Hoy, 2002, p. 49, señala que fue profesor de Gramática. Demetrio Ramos, *Hernán Cortés. Mentalidad y propósitos*. Madrid, Rialp, 1992, p. 179, lo confunde con su hijo al hacerlo relator del Consejo Real y señalar que fue Francisco Núñez de Valera el que se unió a don Martín y a los procuradores de la Veracruz.

[15] Aquella etapa también fue recordada por el clérigo Diego López, testigo en la probanza para la información sobre el hábito de Santiago que pretendía Cortés y en la que declaró "que estudió algund tiempo en el estudio donde estudiaba el dicho don Fernando Cortés". *Documentos cortesianos*, vol. I, p. 339.

[16] El texto al que nos referimos es una carta fechada en Tenochtitlan el 25 de octubre de 1524 en la que escribió: "aún no tengo olvidadas las mercedes y caricias que vuestra merced me hizo en mi niñez". Sin identificar al destinatario de la misiva la publicó José V. Corraliza, "Una carta familiar de Hernán Cortés", *Revista de Indias*, 30 (1947), pp. 893-895.

[17] La dureza de sus palabras se comprueba en su respuesta a la pregunta de si conocía al licenciado Núñez y en la que interesadamente muestra un claro distanciamiento con el pariente: "ha oído decir quel dicho licenciado Núñez dice que es su deudo" e incluso olvida el trato recibido de su tía al declarar "quel dicho licenciado Núñez es hijo de una mujer que hubo su agüelo deste declarante en una fulana de Paz". AGS, Consejo Real, 588-7.

[18] El licenciado Núñez, rotas sus relaciones con Cortés, declaró que: "el dicho marqués, en los tiempos que no tenía tanto como agora, rescibió muchas buenas obras de mis padres en Salamanca, a donde le tuvieron estudiando dos o tres años, como él lo puede decir y dello habrá harta información, averiguación y probanza". Valladolid, 3 de octubre de 1544. AGS, Consejo Real, 588-7.

Los vínculos de los Cortés con Salamanca, de donde muy probablemente era originario don Martín,[19] fueron estrechos, como lo prueba su relación con varios miembros de la familia de Inés Gómez de Paz. Amparados en el parentesco algunos de sus hijos y nietos se trasladaron a Nueva España donde fueron acogidos y favorecidos por el pariente. Tal vez el más recordado, a lo que sin duda contribuyó su trágico fin, fue Rodrigo de Paz, del que Bernal dijo que "mandaba absolutamente al mismo Cortés".[20] El propio don Martín sintió aquella muerte muy cercana y de su puño y letra firmó la petición que en nombre de su hijo presentó en 1526 para que se castigase a los responsables de las crueldades a las que había sido sometido cuando Cortés estuvo en las Hibueras.[21]

El licenciado Núñez, a quien don Martín consideraba como un hijo,[22] se convirtió desde los primeros momentos en su principal apoyo y aliado en la Corte. La principal baza de don Martín estaba en el parentesco y en la lealtad que por lo tanto debía mostrar al pariente. A ello, como elemento sumamente favorable, se sumó el que se podría mover con soltura en la Corte pues estaba al servicio del doctor Lorenzo Galíndez de Carvajal, consejero de Castilla, hombre de acreditada formación y reconocido prestigio. Su presencia al lado de tan relevante personaje fa-

---

[19] A la ascendencia salmantina de Martín Cortés aludió Juan Núñez de Prado, uno de los testigos presentados en Trujillo para la probanza del hábito de Santiago al que aspiraba Cortés al declarar "que los padre e madre del dicho Martín Cortés eran vecinos e naturales de la cibdad de Salamanca". *Documentos cortesianos,* vol. I, p. 342.

[20] Bernal Díaz del Castillo, *Historia verdadera de la conquista de Nueva España* (ed. de Miguel León Portilla). Madrid, Historia 16, 1984, cap. CLXVIII.

[21] Después de una sucinta narración de la compleja situación planteada en México durante la ausencia de Cortés, don Martín narraba aquel cruel tormento: "prendieron a Rodrigo de Paz, primo hermano del dicho mi hijo, e mayordomo de sus haciendas e alguacil mayor de la cibdad de México, e le atormentaron gravemente con cuerdas e garrotes y agua; y después le quemaron los pies, rayéndoselos con cuchillo e lavándoselos con agua caliente e allegándole braseros ardiendo e ladrillos; e después le ahorcaron desnudo, sin tener culpa ninguna, sino solamente por roballe a él y al dicho mi hijo, como le robaron e saquearon su casa, cavándoselas por muchas partes, en lo cual cometieron grandes e graves delitos". ARChV, Pleitos Civiles, Zarandona y Balboa, Olvidados, Caja 145-2, fol. 248.

[22] Frecuentemente la fórmula de despedida de don Martín en sus cartas es: "Déste que como por hijo hará lo que, señor, mandardes", como se comprueba en los docs. 2, 3, 4, 5, 6, 7, 8, 9 y 11.

cilitó que pudiese distribuir cartas, tener acceso a los consejeros de Castilla e Indias, hacerse eco de comentarios o rumores y, sobre todo, conocer quién, cómo y dónde podía ser favorable a Cortés.

En 1519, cuando llegaron a la península los procuradores de la Veracruz, el licenciado Núñez se encontraba en Barcelona en compañía del doctor Galíndez de Carvajal. En aquellos momentos don Martín no tenía tiempo que perder pues el dinero enviado por Cortés había sido incautado, era preciso que se escuchase a Montejo y Portocarrero y, sobre todo, que se silenciasen los testimonios contrarios a su hijo, máxime cuando encontraban eco favorable en el obispo Juan Rodríguez de Fonseca, defensor de los intereses de Diego Velázquez.

Desde los primeros momentos don Martín se mostró claro defensor y partidario del licenciado Núñez como procurador de su hijo, apelando siempre al parentesco como garantía de sus actuaciones. Pero quiso Cortés que a las gestiones que en su nombre realizaban su padre, Alonso de Mendoza y Diego de Ordás se sumase Juan de Ribera y así se lo comunicó a don Martín desde Nueva España (doc. 1).[23] Desde el principio el nuevo procurador no causó buena impresión al padre de Cortés. Aquella intuición de que no se entenderían se convirtió en realidad pues muy pronto se sintió burlado por su manera de proceder, abultando las cantidades necesarias para el pago de correos y porteros (doc. 2), actuando a su libre albedrío (doc. 7), ocupándose de sus asuntos y atendiendo los de Cortés cuando a él le parecía oportuno. Había que frenar a Ribera en sus actuaciones. Pero don Martín era un hombre pragmático, por ello recomendó a Núñez que obrase de tal manera que el procurador viese con claridad que se podía prescindir de él. Ello no debería impedir que Núñez, a manera de espuela, lo animase a ocuparse de los negocios de Cortés que, en su opinión, dilataba constantemente. Don Martín, convencido de que la unión haría la fuerza, también implicó en aquella tarea al licenciado Ayllón y a Diego de Ordás (doc. 3).

La confianza depositada en la actuación del pariente queda resumida en la frase "yo estoy descuidado con vos" pero, con mano izquierda, aquella

---

[23] En muchas de aquellas gestiones había estado presente el licenciado Núñez, cuyo nombre es mencionado tanto por Francisco López de Gómara, p. 345 como por Bernal Díaz del Castillo, caps. CLIX y CLXVIII.

ocasión fue aprovechada para recriminar el desconocimiento de algunos asuntos que llegaron a sus oídos antes de que Núñez, a quien presupone bien informado por su posición, le diese cuenta de ellos. Aquel descuido en velar por los asuntos del primo ausente le lleva a expresar con claridad su opinión de que el compromiso debe ser total pues, si no tiene voluntad de asumir la tarea encomendada, debe saber que no le faltan ofrecimientos para defender los intereses de Cortés (doc. 4). El enérgico carácter de don Martín aflora en algunas ocasiones detrás de las riñas y reproches a su sobrino por las gestiones realizadas y, sobre todo, por las que le hubiese gustado que emprendiese. Represiones que se repiten en varias ocasiones pues en definitiva "más razón hay que os duelan a vos las cosas de mi hijo que a otro" (doc. 11).

El aprecio de don Martín hacia su sobrino fue claro pues, a pesar de que en ocasiones intuye o comprueba que no está a la altura de las circunstancias, siempre encuentra una disculpa con la que, sin renunciar a la regañina o a la crítica, animarlo a seguir con interés los asuntos del pariente. En octubre de 1523, cuando advierte que no se ha enterado de las gestiones realizadas por los defensores de Garay, o tal vez no ha tenido ocasión de notificárselo con la rapidez que él hubiera deseado, don Martín "suaviza" la falta como consecuencia de que no era posible servir a dos señores. Por aquellas fechas Núñez seguía a la Corte con el doctor Lorenzo Galíndez de Carvajal. Pretendía don Martín que Núñez fuese su voz, sus oídos y sus ojos "de manera que no se haga nada que no lo sepáis" (doc. 4). Bien podríamos citar el refrán "de tal palo tal astilla" al hablar de la curiosidad y deseo de conocer cuanto acontecía tanto por el padre como por el hijo.[24] Las recomendaciones al licenciado Núñez son constantes en este sentido: que lo mantenga informado, que le escriba en cuanto conozca alguna novedad, en definitiva, que no deje nada en el tintero.

---

[24] Aquel deseo de conocer lo que acontecía llevó a Cortés a solicitar a Núñez en cierta ocasión que le informase de: "las nuevas de la casa de la emperatriz y mudanzas de gente de Corte y cosas del reino y nuevas de Portugal y de la frontera y cosas de Francia y de Inglaterra y del Lutero y Concilio y de venida de Su Majestad y cosas del turco y del papa y de las señorías de Italia y del rey de Hungría y cosas de la casa del Emperador...". Cuernavaca, 25 de junio de 1532. *Documentos cortesianos*, vol. III, p. 312.

El importante papel encomendado a Núñez y la seguridad mostrada por don Martín en sus gestiones es tal que le remite las cartas abiertas para que antes de distribuirlas conozca lo que ha escrito, le da instrucciones para abrir las cerradas cuando el destinatario esté ausente e incluso, en una muestra de total confianza, le envía pliegos en blanco con su firma para que escriba lo que crea más conveniente (doc. 5, 8, 11, 15 y 17).

El licenciado Núñez, pese al empeño de don Martín, inicialmente mostró mayor interés en promocionarse en la administración peninsular que como procurador de Cortés. Por ello don Martín, que lo trata como relator del Consejo Real a partir de marzo de 1524, le recordó la dificultad de atender simultáneamente los asuntos de su hijo y aquel oficio, opinión que también compartía el doctor Carvajal (doc. 8). Que el pariente presumiese de ser conocido como primo del gobernador no complació plenamente a don Martín que aspiraba a que al parentesco se uniese el conocimiento "como parte y procurador", empeño que siguió presente en la relación con su sobrino pues, aplicando su máxima, lo que nunca se empieza no se acaba.

Las recriminaciones de don Martín no dejaron impasible al licenciado Núñez que, por si había alguna duda sobre su deseo de servicio, reconoció que no tenía en menor consideración ser procurador de Cortés que desempeñar un oficio en el Consejo Real (doc. 9). Aquella afirmación llevó a don Martín a no desaprovechar la ocasión para pedirle que siempre que fuese necesario se publicase y señalase como tal y, dado que no era partidario de discutir abiertamente con Núñez, la réplica al comentario de sus reprensiones la solventó con una expresiva frase: "no quiero decir más, que no bastaría ningún papel" (doc. 10).

Hasta los últimos momentos don Martín siguió confiando en él y continuó presentándolo ante su hijo como la persona que mejor se ocuparía de todos sus asuntos. Él así lo hacía y por ello encaminaba y confiaba a Núñez sus peticiones y las gestiones en la Corte. La mermada salud de don Martín hizo que poco a poco fuese delegando en él mayores responsabilidades, otorgando en su nombre poderes para actuaciones puntuales[25]

---

[25] Para el cobro de 4559 pesos de oro retenidos a Cortés en la Casa de la Contratación, don Martín otorgó poder a favor del licenciado Núñez el 20 de enero de 1524

y nombrándolo, junto a Hernán López Caldera, su sustituto en junio de 1527.[26]

Preparaba Cortés su regreso a la península cuando tuvo noticia del fallecimiento de don Martín. Su desaparición le privaba del padre y de la persona que lo había defendido y apoyado sin reservas ni condiciones. La voluntad y el deseo de que el licenciado Núñez se ocupase de los asuntos de su hijo se cumplió cuando ambos se encontraron en Guadalupe y Cortés le otorgó su confianza para que entendiese en todas sus causas.[27] Probablemente aquella decisión la había tomado en enero de 1527, cuando le comunicó "yo he ya determinado de no enviar de acá persona propia para mis negocios".[28] Como acertadamente señaló Juan Miralles fue el escudo que le guardó las espaldas, encargándose de pararle innumerables golpes.[29]

IV. En el nombre del hijo

¿Quién mejor que un padre para la defensa de los intereses de su hijo? ¿Fue ésa la reflexión de Cortés? Podemos decir que don Martín fue la principal referencia y el punto de apoyo más seguro con el que contó en la península, la persona a la que confió desde los primeros momentos sus asuntos otorgándole "ciertos poderes para las cosas e casos en ellos contenidos". Desconocemos el texto de aquéllos, a los que se hace mención en la introducción del poder por el que en mayo de 1522 facultó a

---

ante Francisco de Torres, escribano de Medellín. ARChV, Pleitos Civiles, Zarandona y Balboa, Olvidados, Caja 145-2, fol. 223r-v.

[26] El 18 de junio de 1527, ante el escribano Diego de Buiza, don Martín otorgó en la villa de Alange poder a favor del licenciado Francisco Núñez y de Hernán López Caldera para que en su nombre atendiesen los asuntos de Cortés. ARChV. Pleitos Civiles, Zarandona y Balboa, Olvidados, Caja 145-2, fol. 154r-v.

[27] Cortés otorgó poder a favor del licenciado Núñez como su procurador *ad litem* en la Puebla de Guadalupe el 5 de junio de 1528. ARChV, Pleitos Civiles, Zarandona y Balboa, Olvidados, Caja 145-2, fol. 184r-v.

[28] Cuernavaca, 12 de enero de 1527. Hernán Cortés, *Cartas y memoriales*, p. 126.

[29] Juan Miralles Ostos, *Hernán Cortés. Inventor de México*. Barcelona, Tusquets, 2001, p. 571.

su padre para que en su nombre compareciese ante el rey, sus gobernadores, el presidente y consejeros del Consejo Real y ante cualquier otra justicia o persona para:

> Hacer relación de la conquista que yo, en nombre de Sus Majestades, he hecho en esta dicha Nueva España, e de los servicios e gastos que en ello, por servir a Su Majestad, he hecho en acrecentamiento de sus derechos e rentas reales e para que asimesmo pueda hacer relación del descubrimiento de la Mar del Sur que yo agora nuevamente a mi costa e por mi industria he hecho, por servir a Sus Altezas, e de lo que en prosecución del dicho descubrimiento, conquista e población de la dicha mar yo he puesto en obra, de que está notorio el servicio que a Sus Majestades redundará; e para que, hecha la dicha relación, pueda suplicar e suplique a Sus Altezas se tengan por bien servidos e aprueben todo lo que en su servicio se ha hecho cerca de la dicha conquista e población e descubrimiento e para que tengan por bien, en enmienda e remuneración de los dichos mis servicios, gastos y espensas, hacerme algunas mercedes en estas partes según que a Sus Majestades de mi parte y en mi nombre se lo suplicará.[30]

En definitiva, don Martín podría ocuparse de todo lo expresado, que no era poco, así como de la obtención de títulos, privilegios, mercedes, provisiones, cédulas y hacer cualquier contrato, capitulación o pacto conveniente para sus intereses. Se convertía con ello en la mano derecha de su hijo en la península, eso sí, ayudado por los procuradores enviados por Cortés, que nunca fueron de su agrado, y con el apoyo de las personas que creyó convenientes.

El destacado papel de don Martín no ha sido suficientemente resaltado por la historiografía y, en el mejor de los casos, no ha pasado de merecer un epígrafe en las obras dedicadas al hijo. Recientemente Juan Miralles reconocía su actuación al dedicarle un capítulo de su voluminosa biografía de Cortés hilvanada con los testimonios de los cronistas.[31] No obstante don Martín sólo es protagonista de las escasas páginas en las que, siguiendo el relato de Bernal y el padre Las

---

[30] Coyoacán, 22 de mayo de 1522. *Documentos cortesianos,* vol. I, pp. 225-228.
[31] Juan Miralles Ostos, *Hernán Cortés,* cap. 21, pp. 371-391.

Casas,[32] se ocupa de las gestiones realizadas en los meses posteriores a la llegada de Francisco de Montejo y Alonso Hernández Portocarrero, los procuradores de la Veracruz. Además, en ese acercamiento a la intervención de don Martín, concluye el autor mexicano que el memorial que en nombre de Cortés elevó al monarca en marzo de 1520 es "el único escrito suyo llegado a nuestros días". La realidad es muy distinta como evidencia el conjunto epistolar presentado y, que creo, es tan sólo una muestra de la intensa relación escrita que mantuvo con su sobrino, aún no localizada o tal vez perdida para siempre.

A don Martín no le pesaron los años, pero sí los comentarios que algunos personajes cercanos a su hijo hicieron de su actuación y que intencionadamente perseguían restar eficacia a sus gestiones, de ahí que, en su correspondencia con el licenciado Núñez, se haga eco de algunos de aquéllos, como el de que Montejo informó a Ribera que nada había hecho "que como era viejo no entendía en nada" (doc. 1). Lejos de aquella afirmación, en determinados momentos la actividad que se deduce de sus cartas es frenética, despachando correos propios, aprovechando los ajenos o el viaje de conocidos a la Corte, para mantener informado a quien convenía y estar al día de las novedades que se producían (doc. 7). Por ello su escritura en ocasiones es apresurada, lo que explica que omita algunas palabras, no acabe otras, intercale ideas en el discurso o dé por supuestos algunos extremos. Empuña la pluma en cuanto tiene noticia de alguna novedad y casi siempre cuando el correo tiene el pie en el estribo. Además, siempre se mostró dispuesto a acudir a la Corte personalmente para resolver algunas cuestiones. Así lo manifestó cuando su hijo le advirtió de los rumores que circulaban sobre la concesión de alcaidías en la Nueva España y él tuvo noticias de que Ribera era uno de los que las pretendían (doc. 5) o cuando, pese a los intentos, vio que no prosperaban las gestiones para la devolución de las cantidades incautadas a su hijo cuando vinieron los procuradores de la Veracruz y de las que era vital disponer para satisfacer las demandas de Cortés (docs. 8 y 9).

---

[32] Siguiendo el testimonio de estos cronistas también se ocupó de sus actuaciones. Demetrio Ramos, *Hernán Cortés...*, pp. 187-193.

Las gestiones iniciales

Las primeras noticias que tenemos de la participación activa de don Martín en los asuntos de su hijo coinciden con la llegada de los procuradores de la Veracruz en 1519 con el rico presente que don Carlos tuvo ocasión de contemplar en Valladolid en la primavera del año siguiente. Por aquellas fechas se ocupaban de los asuntos de Cortés en la península su padre y el licenciado Céspedes. A ellos se sumó el licenciado Francisco Núñez que en un memorial en 1544 afirmó haber ayudado a don Martín en Barcelona, Valladolid y Palencia, además de haber ido personalmente a Vitoria, donde se encontraban los gobernadores.[33]

Es fácilmente imaginable el júbilo con el que Martín Cortés recibió a Montejo y Portocarrero a quienes Cortés había confiado entregarle ciertos dineros y dar noticias de su prosperidad.[34] El encuentro, en opinión de Las Casas, se produjo en Medellín, adonde acudieron los procuradores y el piloto Antón de Alaminos. Además de las nuevas sobre su hijo, le informaron de que lo que enviaba había sido retenido en Sevilla por los oficiales de la Casa de la Contratación, lo que hizo que tuviesen que presentarse en su casa con escasos medios. Enterados del viaje del soberano a La Coruña decidieron ir en su encuentro y fue en el camino hacia la ciudad gallega donde los habría conocido el dominico.[35] La afirmación no concuerda con lo expuesto por el licenciado Núñez en el memorial de servicios de 1544, en el que recordó:

> Primeramente, año de diez y nueve fueron a Barcelona el señor Martín Cortés y Francisco de Montejo, Portocarrero y a la sazón estaba yo allí con el dotor Caravajal (*sic*).

---

[33] Valladolid, 3 de octubre de 1544. Memorial de servicios realizados por el licenciado Núñez en nombre de Hernán Cortés. AGS, Consejo Real, 588-7. Parte del texto de aquel memorial se presentó en el Consejo el 7 de abril de 1546 y es el que se publicó en *Documentos cortesianos*, vol. IV, pp. 285-295.

[34] Francisco López de Gómara, p. 113.

[35] Bartolomé de Las Casas, lib. III, cap. CXXIII: "fuéronse a Barcelona y, sabiendo en el camino que el rey era partido, viniéronse con la Corte ... y en este camino los cognoscí yo".

Según su testimonio, el primer escenario en el que habría actuado activamente don Martín fue Barcelona adonde se dirigió con los procuradores con la intención de entrevistarse con el soberano. ¿Fue posible el encuentro de éstos con el rey? Si tenemos en cuenta el testimonio de Fray Prudencio de Sandoval,[36] sí, aunque su opinión fue rectificada por Madariaga que situó un primer encuentro en Tordesillas y otro en Valladolid.[37] Las gestiones de don Martín y de los procuradores fueron intensas en aquellos meses aunque, si tenemos en cuenta el texto de la real provisión por la que el 15 de octubre de 1522 se le concedió a Cortés la gobernación, el encuentro con el monarca no se produjo, ya que en ella reza "mandé oír a Martín Cortés, vuestro padre, y a Alonso Hernández Portocarrero y Francisco de Montejo, vuestros procuradores y de los pueblos de esa tierra".[38] Si el encuentro se hubiera producido la forma verbal empleada debería haber sido otra.

Demetrio Ramos consideró más verosímil que no se hubiera producido aquella entrevista, aunque acertadamente apuntó que "a lo más que pudieron llegar fue a tratar de entregar sus cartas a algún miembro del Consejo, siguiendo la Corte".[39] Sin duda alguna, ese papel de "introductor" fue el desempeñado por el doctor Lorenzo Galíndez de Carvajal, como confirma Cortés en una carta de 1524 agradeciéndole sus gestiones y apoyo:

Por cartas que he rescebido de Martín Cortés, mi padre, y de otras personas que solicitan mis negocios en esa Corte del Emperador, nuestro señor, he sabido muy por intenso la voluntad que vuestra merced ha mostrado a mis cosas y lo que en todo las ha favorescido.[40]

Sigamos la versión de Las Casas o el testimonio del licenciado Núñez, o lo que es lo mismo, el intento de llegar a Barcelona o la presencia en

---

[36] Fray Prudencio de Sandoval, *Crónica del emperador Carlos V*. Madrid, BAE, 1956. Libro IV, parte I, vol. I, p. 159.

[37] Salvador de Madariaga, *Hernán Cortés*. Buenos Aires, 1958, p. 405.

[38] *Documentos cortesianos*, vol. I, pp. 254-256.

[39] Demetrio Ramos, *Hernán Cortés*, p. 188.

[40] Tenochtitlan, 25 de octubre de 1524. "Carta de Hernán Cortés al doctor Lorenzo Galíndez de Carvajal, del Consejo Real, agradeciendo sus gestiones, solicitando su mediación cuando fuese posible y notificándole el envío al Emperador de la *Cuarta carta de relación*". Hernán Cortés, *Cartas y memoriales*, pp. 108-109.

la ciudad condal: los procuradores se vieron obligados a trasladarse a Valladolid, donde el monarca tuvo ocasión de ver los ricos presentes que se le remitían desde aquellas nuevas tierras, y luego a La Coruña donde los procuradores Francisco de Montejo y Alonso Hernández Portocarrero prestaron declaración ante Lorenzo Galíndez de Carvajal y Juan de Samano respectivamente.

Las relaciones de don Martín con Montejo y Portocarrero no discurrieron como al padre de Cortés le hubiera gustado. Portocarrero, que por motivos que desconocemos se separó de la atención de los asuntos de Cortés, es objeto de sucintas menciones que vienen a probar que el personaje seguía vivo y que no corrió la suerte que le atribuyó Bernal por voluntad de Fonseca.[41] Con Montejo se produjo cierto distanciamiento por asuntos de dinero. En efecto, las cantidades incautadas en la Casa de la Contratación habían sido enviadas por Cortés para que su padre lo proveyese de las cosas que más necesitaba. En marzo de 1520 don Martín solicitó su devolución aunque parece ser que el que consiguió que le diesen 3 000 ducados fue Montejo (doc. 4). Tal vez en aquel comportamiento tuvo mucho que ver la manera en que Cortés lo atrajo a su causa, según Bernal a cambio de 2 000 pesos.[42]

Preocupación fundamental de don Martín fue proveer a su hijo de cuanto aquél solicitaba desde Nueva España. Sabemos que Cortés, además de confiar en los procuradores para que comunicasen a su padre las necesidades más urgentes, también se lo hizo saber a los oficiales de la Casa de la Contratación:

Por otra carta que el dicho Hernando Cortés escribe a los dichos oficiales de Sevilla suplica que en una nao que envía con esta gente provean de pólvora e plomo para los tiros que él allá tiene e de almacén para las ballestas, que es bien

---

[41] El licenciado Núñez, en su memorial de servicios de octubre de 1544, afirmó que después del regreso del Emperador de Flandes [1522] estuvo en Palencia entendiendo en los asuntos de Cortés "juntamente con el señor Martín Cortés y los procuradores de la tierra Montejo y Portocarrero". Difícilmente podría haberlo hecho Portocarrero si hubiese estado en la cárcel como apunta Bernal Díaz del Castillo, cap. LVI.

[42] Bernal Díaz del Castillo, cap. LIII.

menester según la multitud de los indios que así por ser tierra firme, e que en la dicha nao se le envíen bastimentos con toda brevedad.[43]

De aquellas y otras necesidades se hizo eco don Martín, que creyó conveniente ir a la feria de Villalón para adquirir "tapacerías y holandas y otros lienzos presillos, ruanes y colchas, alhombras" (doc. 2). Todo tenía que hacerse con diligencia y prontitud, máxime cuando Cortés le recomendó que no desaprovechase ninguna ocasión para el envío de los artículos que pedía, que no se cargase todo en un solo navío y que aprovechase para el despacho de los bastimentos los que partiesen a las Antillas (doc. 8). Aunque desconocemos en qué medida le dio contento sabemos que con Montejo le envió 20 botijas de vino y aprovechó el viaje de Diego de Ordás para embarcar más de 200 000 maravedís en diferentes artículos: "así en vinos, aceite, harina, vinagre, pasas, almendras, higos, sillas jinetas, jaeces, daragas (sic), puñales de Salamanca e pólvora y materiales para la hacer, 50 escopetas con todos sus aparejos, las mejores que nunca vinieron a Castilla" (doc. 8).

Sin tener conocimiento de las gestiones realizadas por los procuradores Montejo y Portocarrero, Cortés firmó en Segura de la Frontera, el 20 de octubre de 1520, la que sería su *Segunda carta de relación*. Aquel texto y otros documentos se los confió a un paisano suyo, Alonso de Mendoza —a quien despachó el 5 de marzo de 1521, como se lee al comienzo de la *Tercera relación*—,[44] que también fue portador de cartas para don Martín. En una de ellas, redactada muy probablemente en octubre de 1520, Cortés incluyó una memoria de los asuntos y peticiones que encargaba a su padre.[45]

---

[43] AGI, Patronato, 5.R.5. Ernest Schäfer, *Índice de la colección de documentos inéditos de Indias*. Madrid, 1947, t. II, p. 150, lo extractó como "Relación oficial de una 'Carta del Cabildo de Veracruz al Emperador Carlos V: Sobre el viaje de la armada desde Cuba; y piden que Fernando Cortés sea capitán y justicia mayor. Con relación de otras cartas sobre lo mismo, dirigidas a la Casa de la Contratación".

[44] Hernán Cortés, *Cartas de relación* (ed. de Ángel Delgado Gómez). Madrid, Castalia, 1993.

[45] "Carta de Hernán Cortés a Martín Cortés, su padre, pidiéndole que en su nombre solicite al Rey diversas mercedes, entre ellas el hábito de Santiago, la gobernación, escribanías y alguacilazgos de lo conquistado". Hernán Cortés, *Cartas y memoriales*, pp. 101-107.

El carácter "reservado" de aquellos capítulos lo confirman las palabras iniciales de la misiva en las que, tras comunicarle que Alonso de Mendoza llevaba los despachos, justificó su escrito:

> Quise para en ésta dejar lo que abajo diré, como cosa de más sustancia y que más me toca y porque en aquel memorial, de lo que de mi parte ha de suplicar a Su Majestad, no van las cosas que aquí declararé, para que en mi nombre vuestra merced las suplique a Su Majestad, todas, o las [que] más le paresciere que se deben suplicar.

Entre aquellas peticiones figuraba la concesión con carácter perpetuo de las escribanías públicas, de los concejos y de los alguacilazgos de toda la tierra que había conquistado, pacificado y poblado y de la que en adelante conquistara y poblara; solicitaba el hábito de la Orden de Santiago y la merced de un ámbito territorial de 40 leguas en el que intuía grandes posibilidades agrícolas. Con gran habilidad y claridad planteaba a su padre el capítulo de mayor trascendencia: "... con quedar yo al presente con la gobernación, sería cosa muy provechosa e de harto interese y su alteza, en hacerme esta merced, sería muy servido por las causas ya dichas e por otras que dejo de expresar". Consideraba Cortés que su petición era moderada pero, si sonaba presuntuosa o algo atrevida, advertía y aleccionaba a su padre cómo debería argumentarla. Don Martín puso manos a la obra en cuanto tuvo ocasión de leer aquella misiva.

El primer gran éxito de aquellas gestiones iniciales fue, sin duda alguna, la recusación del obispo de Burgos y el nombramiento de Cortés como gobernador de la Nueva España. Pero junto a aquella concesión, en la misma fecha, se le dieron instrucciones para el gobierno de la tierra y se le comunicó el envío de oficiales reales. Don Martín se hizo eco del rechazo que hacia su hijo mostró desde el principio el contador Rodrigo de Albornoz. Le molestó que hiciese averiguaciones sobre él cuando llegó a Santo Domingo y que en Sevilla dijese ciertas bellaquerías contra los hermanos del licenciado Núñez, comportamiento que no hacía otra cosa que presagiar lo que sería su actitud hacia Cortés.[46] No fue menos mordaz

---

[46] Tras su llegada a México, Rodrigo de Albornoz escribió al rey, a Fonseca y al Consejo de Indias denunciando el comportamiento de Cortés, mostrando sus dudas so-

don Martín en sus apreciaciones pues acaba refiriéndose a él como "vil hijo de un herrero" dejando muy clara su procedencia social (doc. 9).[47]

Otro motivo de preocupación para don Martín en estos años fue Juan Rodríguez de Fonseca, a quien se refiere como "el obispo" (docs. 6, 8 y 9). Aquellas iniciales gestiones fueron entorpecidas por Fonseca quien, según Bernal, escribió a Flandes en favor de su privado y amigo Diego Velázquez, sin hacer relación alguna de las cartas que se le habían enviado al rey desde la Nueva España. Ante aquel clima hostil a las negociaciones cortesianas los procuradores, Martín Cortés y el licenciado Núñez "acordaron de enviar mensajeros a Flandes con otras cartas como las que dieron al obispo de Burgos, porque iban duplicadas las que enviamos con los procuradores".[48] El licenciado Núñez fue testigo de la actitud de Fonseca hacia Cortés cuando acompañó a don Martín a negociar con el obispo y en el transcurso de aquella entrevista escuchó de sus labios palabras muy recias y de afrenta contra el de Medellín. Núñez no las repite, Bernal sí, aquéllas no eran otras que las de traidor.[49]

La Primera relación *en manos de don Martín*

Martín Cortés conoció muchos de los acontecimientos que ocurrían en la Nueva España por las cartas y relaciones que su hijo le envió. En otras ocasiones las novedades llegaban a su casa de Medellín cuando los procuradores de su hijo lo visitaban o acudían a ella los allegados y conocidos que regresaban a la península. Lo cierto es que los comentarios que se hacían en Sevilla o en la Corte, con gran rapidez y por diferentes vías, llegaban a sus oídos. Cuando las cartas no pudieran enviarse a Medellín, las recomendaciones son claras para aprovechar el despacho de otros

---

bre su lealtad al rey y aprovechando la ocasión para dar su opinión de que en todo caso urgía privarlo del "mando y señorío". Bernal Díaz del Castillo, cap. CLXXII.

[47] Comportamiento similar se advierte en Cortés que recusó a varios testigos en el juicio de residencia por haber desempeñado oficios viles, entre ellos a Juan Coronel que había sido calcetero, y a Antonio de Carvajal por ser hijo de una pescadera y de un clérigo. *Documentos cortesianos*, vol. II, pp. 195 y 290.

[48] Bernal Díaz del Castillo, cap. LVI.

[49] Bernal Díaz del Castillo, cap. CLXVIII.

mensajeros y posibles lugares de recepción. Así, cuando se ofreciera la posibilidad de remitir las misivas a Trujillo, el lugar señalado para su entrega fuera la casa de Juan de la Zarza y en Sevilla la del mercader Luis Hernández de Alfaro (doc. 4). Entre las personas cercanas a Cortés que lo informaron puntualmente de algunos asuntos se encuentran Diego de Ordás, Alonso de Mendoza, Juan de Ribera, Diego de Soto, fray Diego Altamirano o Francisco de las Casas. En otras ocasiones desconocemos su identidad pues las únicas referencias son expresiones como "supe", "me han dicho", "hanme dicho" o "dicen".

Por todo lo expuesto se puede afirmar que don Martín era un hombre bien informado de los asuntos de la Nueva España dado que fue su hijo el que personalmente se ocupó de ponerlo al día, no sólo de las cuestiones que más le preocupaban y cuyo cuidado le encargó encarecidamente, sino incluso de lo escrito a otros personajes de la Corte y al mismísimo soberano pues sabemos que le facilitó copia de las *Relaciones* que le envió. Así, en la carta que en octubre de 1524 escribió al doctor Lorenzo Galíndez de Carvajal[50] dejó constancia de que había enviado a su padre la *Cuarta relación* y, años más tarde, en otra misiva, advirtió a don Martín que había confiado el traslado de la *Quinta* a fray Diego Altamirano.[51] Aquella práctica se inició sin duda con la *Primera relación* que trajeron a la península los procuradores de la Veracruz.

El contenido de una carta de don Martín al licenciado Núñez contribuye a clarificar la discusión sobre si existió o no la *Primera relación*. El padre de Cortés se refiere a ella al comunicar al licenciado Núñez que Alonso de Benavides le había escrito informándole de la demanda interpuesta por Manuel de Rojas en nombre de Diego Velázquez. Para responder a ella solicitó Benavides a don Martín el envío de todas las escrituras que se encontraban en su poder y es en este punto en el que informó a su sobrino (doc. 1):

---

[50] En ella escribió: "porque de la relación y despacho que agora yo envío a Su Majestad, asimismo envío a Martín Cortés, mi padre, treslado de todo para que lo muestre a vuestra merced". Tenochtitlan, 25 de octubre de 1524. Hernán Cortés, *Cartas y memoriales*, p. 108.

[51] Cortés advirtió a su padre "verá vuestra merced por la relación que della envío a Su Majestad, cuyo traslado lleva fray Diego para dar a vuestra merced". Tenochtitlan, 26 de septiembre de 1526. *Documentos cortesianos*, vol. I, p. 416.

Yo no tengo sino la *Primera relación* y ésta Samano la tien si della hobier necesidad, mas aquélla no haz fee ni es más de para alegar cómo no fue verdadera la relación verdadera que se hizo al rey cómo Diego Velázquez había descobierto aquella tierra y por esto le dieron el adelantamiento y esto es lo principal sobre que os habéis de fundar, como en la memoria que os dejó el licenciado veréis.

El resumen que hace don Martín de la utilidad del contenido de aquélla viene a coincidir con lo dicho por Gómara:

Envió con ellos la relación y autos que tenía de lo pasado, y *escribió una larga carta al Emperador.*[52] Lo llamó así, aunque allá no sabían; en la cual le daba cuenta y razón sumariamente de todo lo sucedido hasta allí desde que salió de Santiago de Cuba; de las pasiones y diferencias entre él y Diego Velázquez; de las cosquillas que andaban en el real, de los trabajos que todos habían padecido, de la voluntad que tenían a su real servicio... El cabildo de la Veracruz escribió asimesmo al Emperador dos letras. Una en razón de lo que hasta entonces habían hecho en su real servicio aquellos pocos hidalgos españoles por aquella tierra recientemente descubierta; y en ella no firmaron más que los alcaldes y regidores... La otra fue acordada y firmada por el cabildo y por todos los más principales que había en el ejército.[53]

En este mismo sentido se encuentran las palabras de Bernal, quien en otros muchos puntos corrigió a Gómara, pero no en éste:

Acordamos de escribir y hacer saber a su majestad todo lo acaecido, y *Cortés escribió por sí, según él nos dijo, con recta relación;*[54] mas no vimos su carta; y el cabildo escribió juntamente con diez soldados de los que fuimos en que se poblase la tierra, y le alzamos a Cortés por general; y con toda verdad que no faltó cosa ninguna en la carta, e iba yo firmado en ella; y demás destas cartas y relaciones, todos los capitanes y soldados juntamente escribimos otra carta y relación.[55]

---

[52] La llamada de atención en cursivas es nuestra.
[53] Francisco López de Gómara, pp. 113-114.
[54] La llamada de atención en cursivas es nuestra.
[55] Bernal Díaz del Castillo, cap. LIII.

Si hacemos caso a Bernal, Cortés no participó en la redacción de esta última ya que el cronista dice que les rogó que se la mostrasen y, viendo los términos en que habían escrito y el tratamiento de su persona,[56] no le gustó que se mencionasen los nombres de los primeros descubridores pues, según entendieron, era porque él no hacía mención en su carta a ellos "sino a él solo se atribuía el descubrimiento y la honra e honor de todo". Lo cierto es que aquellas cartas ya estaban escritas y se entregaron duplicadas a los procuradores.[57]

Eran los primeros días de julio de 1519 cuando unos y otros escribieron sus cartas. No hay que olvidar que Cortés conoció la merced del adelantamiento a Diego Velázquez con la llegada de Francisco de Saucedo a comienzos de ese mes.[58] Aquella noticia precipitaría los acontecimientos. Sabemos que por aquellas fechas Cortés escribió también a su padre, como recogió Cervantes de Salazar, a quien el que fuera paje de cámara de Cortés le comunicó secretamente que había estado ocho noches enteras escribiendo y que "aliende de lo que escribía al Rey, escribió ciertas cartas a su padre y al licenciado Céspedes para que en corte solicitasen sus negocios".[59]

De las dos cartas mencionadas por Bernal, la del Cabildo y la escrita por los capitanes y soldados, tan sólo conocemos una, la que tradicionalmente ha venido a considerarse como *Primera relación* de Cortés en sustitución de áquella que en primer lugar escribió el conquistador. El texto que ha venido a reemplazar a la *Primera relación* con más propiedad debería identificarse como *Carta del regimiento de la Veracruz* ya que mantenemos que Cortés escribió y remitió a la península la *Primera relación*. Que se trata de dos textos diferentes lo prueba también el hecho de que el extracto que se hizo en la Casa de la Contratación del contenido de la carta del Cabildo coincide, incluso en la secuencia de los párrafos, con la que ha venido a nombrarse equivocadamente como *Primera relación*.[60]

---

[56] Bernal Díaz del Castillo, cap. LIV.

[57] Así lo señaló Bernal Díaz del Castillo, cap. LVI.

[58] Bernal Díaz del Castillo, cap. XXXVI.

[59] Francisco Cervantes de Salazar, *Crónica de la Nueva España*. Madrid, BAE, 1971. Lib. III, Cap. XI, p. 222.

[60] La suma de la Carta de Veracruz está precedida del siguiente encabezamiento: "Relación de la carta que los alcaldes e regidores de la villa de la Veracruz escriben a

Aquel texto de la *Primera relación*, hasta la fecha desconocido o tal vez perdido, fue redactado por Cortés y estuvo en manos de su padre. Por ello nuestra opinión se suma a la de los defensores de su existencia, entre ellos Demetrio Ramos[61] o Juan Miralles[62] y está en desacuerdo con lo afirmado al respecto por John Elliot[63] o José Luis Martínez.[64]

¿Qué suerte corrió la relación que Cortés envió al monarca? Una vez más la figura del licenciado Núñez se convierte en pieza clave, pues probablemente estuvo en sus manos. Así se deduce de lo afirmado en el memorial de servicios de 1544: "Y en mi poder quedaron y están las escrituras originales que los procuradores Montejo y Portocarrero y Martín Cortés trajeron".

Tal vez los acontecimientos hicieron innecesaria o poco conveniente su difusión, de ahí que aquella *relación* no se diese a la imprenta poco después de su envío, como sí ocurrió con la segunda, tercera y cuarta.[65] No hay que descartar la posibilidad de que aquella *Primera relación* permaneciese en manos de Fonseca, a quien Bernal dice que visitaron los procuradores Montejo y Portocarrero cuando le entregaron las cartas y relaciones de las que eran portadores, suplicándole que:

V.M. e de lo que ha pasado en su viaje e población. A seis de julio de 1519 años". AGI, Patronato,5.R.5. Nótese que la fecha no coincide con la de la carta, que es de 10 de julio, sino con la de la relación de presentes entregados a Montejo y Portocarrero para llevar a la península.

[61] Demetrio Ramos, *Hernán Cortés...*, p. 199, nota 17.

[62] Juan Miralles, *Hernán Cortés...*, p. 115.

[63] John H. Elliot, "Cortés, Velázquez and Charles V", Introducción a Hernán Cortés, *Letters from Mexico* (traducción y edición de A. R. Pagden). New York, Grossman Publishers, 1971 (An Orion Press Book), p. xx.

[64] José Luis Martínez, *Hernán Cortés*. Madrid, FCE, 1992, pp. 200-201, afirma que "lo único que se escribió y llegó a la Corte fue la *Carta del cabildo*" de ahí que, siendo ésa la única versión antigua conocida, sea la que aparece en primer lugar en el Manuscrito de Viena. No cabe duda alguna que para quien hizo la recopilación de aquellos textos aquélla era la "Prymera Relación" y por ello colocó dicha anotación al frente.

[65] Juan Cromberger se ocupó de la primera impresión de la *Segunda relación* en Sevilla, el 8 de noviembre de 1522 y de la *Tercera relación*, también en Sevilla, el 30 de marzo de 1523. La impresión de la *Cuarta* se hizo en Toledo en 1525 por Gaspar de Ávila. La *Quinta*, firmada el 3 de septiembre de 1526, no se imprimió, probablemente como resultado de las gestiones de Pánfilo de Narváez que el 1º de marzo de 1527 obtuvo una cédula prohibiendo la impresión y venta de las *Relaciones* de Cortés.

... luego hiciese mensajero a su majestad y le enviasen aquel presente y cartas... les mostró mala cara y peor voluntad, y aun les dijo palabras mal miradas... y que le suplicaban otra vez que todas aquellas joyas de oro, cartas y relaciones las enviase luego a su majestad para que sepa todo lo que pasa, y que ellos irían con él.[66]

La lectura de otros textos cortesianos refuerza la existencia de la *Primera relación*. A lo largo de la *Segunda* Cortés alude a ella en varias ocasiones.[67] Si realmente no la había redactado ¿no era una imprudencia remitir al monarca a su lectura en la segunda? ¿Qué ocurriría si el soberano solicitaba información al respecto? Probablemente y, teniendo en cuenta la habilidad de Cortés para reflejar lo que le interesa y no aludir ni insinuar aquello que considera más delicado para sus intereses, aquel texto, como bien decía don Martín, sólo servía para comprobar las contradictorias versiones sobre el descubrimiento de aquella tierra. Por un lado se encontraría la narración de Velázquez, defendida en la península por sus procuradores, y por otro la cortesiana en la que, sospecho, no profundizaba en la justificación de sus actos, sino en el relato de algunos capítulos de la empresa, lógicamente seleccionados con gran habilidad y favorables a su persona ofreciendo una visión distinta a la del gobernador de Cuba. A las reiteradas menciones de Cortés en la *Segunda relación* habría que añadir su testimonio cuando comunicó a don Carlos el envío de la "que por orden es tercera... que por ella y por las otras Vuestra Alteza puede mandar ver".[68] ¿No era atrevida y arriesgada la mención a la posible consulta de

---

[66] Bernal Díaz del Castillo, cap. LVI, p. 211.

[67] Hernán Cortés, *Segunda carta de relación*. En ella las referencias a la *Primera relación* son explícitas: "envié a Vuestra Alteza muy larga y particular relación de las cosas hasta aquella sazón, después que yo a ella vine, a ellas sucedidas. La cual relación llevaron Alonso Hernández Portocarrero y Francisco de Montejo, Procuradores de la Rica Villa de la Vera Cruz"; "Porque he deseado que vuestra alteza supiese las cosas de esta tierra, que son tantas y tales, como ya en la otra relación escribí se puede intitular de nuevo emperador de ella..."; "En la otra relación"; "Y porque, como ya creo, en la primera relación escribí a vuestra Majestad que algunos de los que en mi compañía pasaron..."; "Y estando algo perplejo en esto, a la lengua que yo tengo, que es una india de esta tierra, que hube en Potonchán, que es el río grande que ya en la primera relación a Vuestra Majestad hice memoria...".

[68] *Documentos cortesianos*, vol. I, pp. 230-231. Coyoacán, 15 de mayo de 1522.

aquellos textos si uno no se había escrito? Recordemos que Cortés escribía al rey esta carta desconociendo las gestiones de los procuradores.

Suena a Ribera

La falta de noticias sobre las gestiones de Montejo y Portocarrero así como de la suerte de lo confiado a Alonso de Mendoza preocupó a Cortés, que incluso especuló sobre los motivos de aquel silencio en el preámbulo de la *Tercera relación*: "la causa creo ha sido, o no ser bien recibidas mis cartas y servicios, o la distancia de la tierra, o la negligencia de las personas que solicitan mis negocios".[69] Aquel desconocimiento de lo que acontecía en la península lo corrobora Antón de Alaminos, piloto de la embarcación en la que vinieron los procuradores a España y que de nuevo regresó a México. En una de sus declaraciones, en mayo de 1522, afirmó que "Alonso Fernández Puerto Carrero e Francisco de Montejo, no han enviado respuesta ninguna al dicho capitán y pobladores de estas partes, de lo que han fecho, o si han informado a su Alteza de lo que fueron a negociar, porque si lo hobieran fecho, este testigo lo supiera porque ha estado en España con los dichos procuradores".[70]

Fue aquel pensamiento de que los negocios estaban perdidos lo que hizo que enviase por procurador a Juan de Ribera, y así se lo escribió a su padre, convencido de que su presencia contribuiría al descanso de don Martín, implicado directamente en sus asuntos desde los primeros momentos (doc. 1). La llegada de Ribera a la península, a quien Cortés confió el texto de la *Tercera relación*, debió de producirse en septiembre de 1522.[71] Por aquellas fechas colaboraban con don Martín en la atención de los asuntos de su hijo Diego de Ordás y Alonso de Mendoza.

---

[69] *Tercera relación*, Coyoacán, 15 de mayo de 1522.

[70] *Documentos cortesianos*, vol. I, pp. 223-224. México, 5 de mayo de 1522. No parece que Alaminos denunciase a Cortés durante su estancia en la península, como señala J. Varela Marcos, *Antón de Alaminos (el piloto palermo descubridor de las costas del seno mexicano)*. Palos de la Frontera, 1992, pp. 104-105.

[71] Sobre la fecha de la llegada de Ribera a la península Henry R. Wagner, *The Rise of Fernando Cortés*, California, Berkeley, 1944, cap. XV, p. 229, apuntó el mes de noviembre de 1522, aunque por la carta que don Martín escribió al licenciado Núñez des-

De Juan de Ribera, del que Bernal hizo un retrato del que no sale nada bien parado,[72] dijeron Gómara[73] y Anglería[74] que era secretario de Cortés. Este último cronista señala además que fue "compañero de todos sus trabajos desde el principio" y que conocía la lengua náhuatl.[75] Lejos de dar descanso a don Martín, si ésa era la pretensión de Cortés, le ocasionó más de un disgusto, tanto por su proceder individualista como por no haberle entregado los 4 000 ducados que su hijo le confió. Todo ello contribuyó a que don Martín mostrase hacia él un constante recelo pues parece que muy pronto tuvo ocasión de comprobar "que de suyo era mal inclinado" como afirmó Bernal.[76] Pese a que en una primera apreciación le pareció "hombre muy solícito" (doc. 1) no tuvo empacho alguno en dejarle clara su postura desde los primeros momentos: que él confiaba en su sobrino el licenciado Núñez, a quien mantenía informado de todos los asuntos de Cortés. Su fin no era otro que "se vuelva más presto de lo que piensa" y con la misma resolución lo escribió a su hijo, advirtiéndole además que sus asuntos estarían mejor atendidos por un pariente que por cualquier otra persona.

De las tres embarcaciones que realizaron la travesía en aquella ocasión, en la que venía Ribera probó suerte y alcanzó las costas peninsulares. Los

---

de Trujillo el 9 de octubre [1522] dando cuenta de su encuentro con Ribera deducimos que fue antes, muy probablemente en septiembre.

[72] Bernal Díaz del Castillo, cap. CLXX: "... era tuerto de un ojo, que tenía una nube ... a lo que yo sentí del Ribera, era una mala herbeta, porque cuando jugaba a naipes e a dados no me parecía que jugaba bien". También se hizo eco el cronista de su proceder con don Martín, privándole de los pesos que traía para él, y de los comentarios poco favorables que hizo sobre Cortés pues "en lugar de decir verdad y bien de su amo, dijo tantos males, y por tal manera los razonaba, que, como tenía gran retórica e había sido su secretario del mismo Cortés, le daban crédito, en especial el obispo de Burgos".

[73] Francisco López de Gómara, p. 316.

[74] Pedro Mártir de Anglería, *Epistolario* (estudio y traducción de José López de Toro) en *Documentos Inéditos para la Historia de España*, Tomos IX-XII. Madrid, 1953-57, p. 283.

[75] Pedro Mártir de Anglería, *Décadas del Nuevo Mundo (1493-1525)*. Traducción del latín del Dr. Agustín Millares Carlo, estudio y apéndices del Dr. Edmundo O'Gorman. México, Porrúa, 1964. Década V, lib. VII, p. 525; Década V, lib. IX, p. 537; Década VII, lib. V, p. 611. Anglería señala que fue despachado muchos días después de la partida de Alonso de Ávila y Antonio de Quiñones.

[76] Bernal Díaz del Castillo, cap. CLXX.

presentes, remitidos con los procuradores Alonso de Ávila y Antonio de Quiñones, estaban en las naos que permanecían en las Azores por lo que el procurador de Cortés pidió a don Martín algunos de los objetos que su hijo le había enviado con la intención de mostrarlos en la Corte, entre ellos vistosas piezas de plumería y oro (doc. 1). Ribera también llevó algunos objetos personales, entre los que señala don Martín "algunas cosas de la ropa de aquella tierra" pues nada debía saber de aquellos vasos de oro, perlas, collares, anillos y otros objetos que, además de las prendas de vestir de algodón, plumas de aves y pelo de conejo enseñó a Anglería cuando lo visitó.[77]

De la riqueza y vistosidad de aquellas extraordinarias piezas dio cuenta Anglería al arzobispo de Cosenza cuando le escribió apuntando que superaban en valor material y artístico a las remitidas anteriormente.[78] Sólo el oro fundido y en barras ascendía a 32 000 ducados sin incluir otros 150 000 si en el cómputo se incluían otros objetos como anillos, collares, escudos o yelmos. No fue posible contemplar aquellas bellas piezas pues, en un hábil ataque, el pirata francés Florín capturó la embarcación y se hizo con los presentes seleccionados por Cortés para el emperador. Con motivo de su encuentro con Ribera el cronista tuvo también la ocasión de contemplar varios mapas de los que era portador, entre ellos uno de 30 pies de largo realizado en algodón blanco, en el que estaban señalados los pueblos amigos y enemigos de Motecuhzoma, y otro de dimensiones más pequeñas en el que se representaba la ciudad de Tenochtitlan.[79] No parece que Ribera diese cuenta alguna sobre ello al padre de Cortés.

Si los pequeños detalles, como el mencionado, incomodaron a don Martín, su desconfianza creció cuando tuvo ocasión de ver cómo administraba el dinero de su hijo, entregándole algunas cantidades a cuenta (doc.1) mientras él gastaba grandes sumas con la tranquilidad de que Cortés daría por bueno cuanto hiciese (doc. 10).

---

[77] Aquella variada muestra de formas de oro fue contemplada por el legado del Pontífice, Gaspar Contarini, el embajador de Venecia y Tomás Maino cuando visitaron a Anglería un día que Ribera se encontraba en su casa. Pedro Mártir de Anglería, Década V, lib. X, pp. 540-542.

[78] Valladolid, 19 de noviembre de 1522. Pedro Mártir de Anglería, *Epistolario*, t. XII, pp. 282-283.

[79] Pedro Mártir de Anglería, Década V, lib. X, pp. 542-545.

Desconocemos si fue por reserva, pero Ribera no informó a don Martín de todos los encargos que su hijo le confió ni de la relación de escrituras que obraban en su poder. Son terceras personas —de ahí la expresión "me dicen"— las que lo informan, por ejemplo, de que llevaba una probanza de cómo Diego Velázquez no había descubierto la tierra. Parco en palabras o independiente en sus gestiones, lo cierto es que su comportamiento obligó a don Martín, viendo su escasa dedicación, a indagar sobre los asuntos que Cortés le había confiado para que no se olvidase de su atención (doc. 4). Sus gestiones le parecen interesadas, como parecen confirmar los rumores de que él era uno de los que pretendían una alcaidía en Nueva España, concesiones que Cortés deseaba que no se hiciesen por las consecuencias que de ello se podrían derivar (docs. 5, 8 y 10).

La desconfianza de don Martín hacia Ribera fue creciendo con el paso del tiempo ya que en su opinión mostraba escasa atención hacia los asuntos de su hijo, demorando las gestiones, pues a su llegada le había dejado claro que no negociaría nada hasta que el envío que remitía Cortés llegase a la península. Para intranquilidad de don Martín, aquél, donde venían cosas excelentes, permanecía en las Azores. Por ello, confiando en las gestiones de su sobrino, la indicación fue clara: que se aprovechase de cuanto aquél sabía.

En marzo de 1524 la relación de ambos parece atravesar una etapa de cierta "normalidad", pues Ribera le dio cuenta de los capítulos que en nombre de Cortés estaba solicitando y que don Martín se apresuró a remitir al licenciado Núñez convencido de que el deudo lo haría mejor, como tantas veces se lo había comunicado a Cortés. El comportamiento de Ribera en aquella ocasión no contribuyó a mejorar la opinión que le merecía. Al contrario, cansado de su actuación, casi criticando la decisión de su hijo, escribió a Núñez: "no hay necesidad denviar de allá otro y que más val que haga en vos que en los extraños". La actuación del licenciado Núñez viene a ser paralela a la de Ribera, de eso se ocupa don Martín al proporcionarle información sobre todos aquellos asuntos que cree que el procurador no atiende. Es así como con discreción le confía el contenido de los escritos que le enviaban tanto Ribera como fray Pedro Melgarejo (doc. 7).

Uno de los asuntos de los que se ocupó Ribera fue de la petición de las armas que Cortés podría añadir a las de los "Corteses", "Altamiranos" y "Arellanos" (doc. 7). Muchos de los que habían participado en la conquista de la Nueva España también solicitaban escudo de armas, entre ellos Ordás, a quien, según llegó a oídos de don Martín, se le había concedido "un rey con una cadena a la garganta", lo que él no acaba de comprender pues Motecuhzoma había sido prisionero de Cortés y no figuraba nada semejante en lo que se estaba negociando para el gobernador. Lo mejor era tener una imagen de lo concedido, de ahí el interés por ver pintadas las armas que su hijo podría usar, agradándole la idea de que en el escudo figurase el águila imperial (doc. 8). No será hasta marzo de 1525 cuando aquella petición se vea satisfecha con la concesión de las nuevas armas que Cortés podría sumar a las de su linaje. Su padre se apresuró a que pronto las pudiese lucir y dispuso que se hiciesen reposteros como los que tenía el doctor Carvajal (doc. 7).

Entre las mercedes que don Martín deseaba para su hijo se encontraba la concesión del hábito de caballero de la Orden de Santiago, petición que le había encargado el propio Cortés[80] y que, para sorpresa suya, no figuraba en los capítulos que Ribera le envió en los primeros meses de 1524. De lo que sí tuvo conocimiento es de que Cortés confió a Ribera una memoria en la que figuraban "ciertos pueblos" que solicitaba y la petición de que se le hiciese la merced de las escribanías de la tierra (doc. 8).

De otras peticiones de su hijo tuvo conocimiento con cierto retraso, como las que le comunicaba en una carta de abril de 1523 que llegó a sus manos un año más tarde con Francisco de Sagredo. En ella solicitaba varios pueblos por merced que don Martín no especifica y que también comunicó a Juan de Ribera. En aquel envoltorio de cartas incluyó Cortés una para el obispo de Burgos, la misma que había confiado a Juan Bono cuando regresó a la península (doc. 8). Desconocemos aquella misiva pero podemos acercarnos a su contenido por las referencias

---

[80] Así se lo indicaba a don Martín en una carta que probablemente redactó en octubre de 1520: "Que Su Majestad me haga merced del hábito de Santiago con lo que su Alteza fuere servido de me hacer merced con él". Hernán Cortés, *Cartas y memoriales*, p. 102.

que facilita don Martín. En aquella carta se comprobaba que Velázquez había mentido en su relación, pues fueron tres y no uno los vecinos de Cuba que descubrieron la tierra, y que por lo tanto había obtenido el adelantamiento con relación falsa pues certificó haberla descubierto él. Sobre su comportamiento, que antes debía suscitar castigo que galardón, es bien expresivo don Martín que estaba convencido de que al final le ocurriría lo que al gallo "que escarbando descubrió el cuchillo con que le degollaron" (doc. 9). El acercamiento de Ribera al obispo de Burgos, que tanto había entorpecido las aspiraciones de Cortés, inquietó aun más, si cabe, a don Martín. No obstante, para su tranquilidad, en una de las cartas que portó Sagredo, Cortés le dio cuenta de la recepción del traslado de las provisiones; sin duda alguna se refería al despacho de la gobernación que le había entregado su primo Francisco de las Casas y le advirtió que no escribiría hasta que tuviese los originales.

En el verano de 1525 don Martín y Ribera se encuentran en Sevilla. La actividad del primero es frenética y continuas sus visitas a la Casa de la Contratación con la esperanza de que le entreguen los envíos de Cortés (doc. 13). En el conjunto epistolar que presentamos ésta es la última mención de don Martín sobre Juan de Ribera. Si seguimos a Bernal falleció súbitamente en la villa de Cadahalso tras comer unos torreznos,[81] pero su nombre seguirá presente en los asuntos de Cortés ya que en 1529 el licenciado Núñez pleiteó con sus herederos por cierta cantidad que había vendido a Cortés.

Procuradores bajo vigilancia

Ninguno de los procuradores enviados por Cortés parece que lograra satisfacer plenamente a don Martín pues son más numerosas las ocasiones en las que muestra descontento por su labor que en las que se siente complacido. De Montejo, que hizo ciertos comentarios sobre su edad y su dedicación a los negocios de Cortés, poco puede decir. No obstante se cartea con él para tratar ciertos asuntos, entre ellos el relativo a cierta pieza que empeñaron y que se encontraba en manos del banquero genovés Nicolao Grimaldo.

---

[81] Bernal Díaz del Castillo, cap. CLXX.

A Portocarrero, retirado de la atención de los asuntos cortesianos, no le dedica más comentario que el obligado en las actuaciones que en su día realizaron conjuntamente. La actuación de Ribera también fue motivo de crítica, como cuando compró varios tiros de campo y 30 escopetas y a él le hubiera gustado que, adecuándose a lo solicitado por Cortés, hubiesen sido 100 celadas y sus barbotes (doc. 8). La queja de que los "extraños", término empleado para contraponer al "pariente", no hacen lo que deben es continua, pues todos se ocupan de defender sus propios intereses (doc. 4).

Desilusionado por la escasa dedicación y actuaciones de Juan de Ribera, lo que le inquietó fue lo que podría decir contrario a los intereses de Cortés. Sin embargo, albergó la esperanza de que sus relatos no fuesen creíbles para personajes relevantes como el doctor Carvajal o el secretario Cobos y por ello aconsejó al licenciado Núñez que se mostrase próximo y disimulase, dándole crédito, para ver si de esa manera le comentaba los asuntos que negociaba. Tal vez tiene presente aquel ofrecimiento que hizo al emperador y que, en opinión de don Martín, comprometía la honra de su hijo, aunque en un determinado momento sus palabras parecen decir lo contrario: "se complirá la copia o suma que concertare" (doc. 10). Aquel compromiso tal vez está relacionado con lo narrado por algunos cronistas sobre cierta actuación de Ribera en la que también intervino fray Pedro Melgarejo.

La sensación de que todos lo quieren desplazar en las gestiones lo llevó a expresar con claridad sus sentimientos: "el fin de todos no es sino quitarme la pluma, la cual es ya tan poca que pocos plumajes se podrían hacer della" (doc. 8). Por aquellos días decía defender los intereses del gobernador fray Pedro Melgarejo, hecho que no extrañaba a don Martín pues "Tien razón, que le dio sus dineros". Aquellas palabras las querría ver convertidas en obras pues más devoto que a la causa de su benefactor lo era de la propia y por ello andaba negociando un Obispado. No consiguió fray Pedro agradarlo con sus actuaciones pues en la primavera de 1524 manifestó abiertamente: "yo no estoy muy satisfecho dél" (doc. 8). Pero don Martín era pragmático; si puede aprovechar algo de él lo hará, pues no dejaba de tener algunas buenas cualidades, como la de "buena expresiva" que destacó Bernal aludiendo a sus habilidades como mediador.[82]

---

[82] Bernal Díaz del Castillo, cap. CLVIII.

El propio duque de Béjar llegó a sugerir el nombre de un caballero que podría entender en los asuntos de Cortés. Aquel ofrecimiento hizo que don Martín se interesase por el caso más por cumplir y no desairarlo que por estar convencido de su necesidad. La insistencia de Hernán Darias para que aquél se trasladase a Sevilla dio pie a que, una vez más, don Martín defendiese abiertamente la figura de Núñez, pues como "deudo lo haredes mejor que ninguno". Se mostraba firme en su opción inicial y, no perdiendo la costumbre, con nuevos procuradores o sin ellos, siguió escribiendo a cuantos creía que podrían ayudarle, aunque ya limitado por la enfermedad. A Francisco de las Casas lo recibió en la cama por su indisposición, pero no por ello parece que pierda el control sobre los asuntos de Cortés (doc. 15).

En 1527 también se sumó a la lista de posibles procuradores el nombre del alguacil Proaño. De su viaje a la península, pero sin hacer mención alguna a que viniese como tal, dio cuenta Cortés a su padre.[83] Su testimonio de lo sucedido en Nueva España era importante para los intereses cortesianos en un momento "delicado" pues sonaban voces de que Cortés había estado implicado en la muerte de Luis Ponce de León, comisionado para tomarle residencia.

A quien no quiso don Martín cerca de los asuntos de Cortés fue a Francisco de las Casas a pesar de que se ofreció a entender en ellos. La oposición de don Martín fue clara pues, pese al parentesco, no confiaba en él, hasta tal punto que preferiría ver perder los negocios de su hijo antes de que cayesen en sus manos (doc. 15). La desconfianza hacia su persona es tal que no quiere que se entere de las gestiones realizadas para que doña Juana de Zúñiga, comprometida con Cortés, se trasladase a Nueva España. Actitud de recelo que también compartió doña Catalina Pizarro, pues cuando fue a verlos a Medellín no lo quiso recibir y menos que se alojase en su casa. ¿Qué había ocurrido para que los padres de Cortés tuviesen aquella actitud? El origen del enfado estaba en el

---

[83] Tenochtitlan, 1° de octubre de 1526. En aquella ocasión simplemente le indicaba que Proaño y Pedro de Salazar fuesen presentados al duque de Béjar, al conde de Aguilar y a don Álvaro de Zúñiga pues eran "buenos caballeros y personas que han de decir verdad". Hernán Cortés, *Cartas y memoriales*, pp. 110-117.

comportamiento de Francisco de las Casas. A sus manos habían llegado 1 300 ducados para entregar a Martín Cortés pero, lejos de cumplir el encargo, le escribió que los había gastado, siendo mentira. En definitiva, ¿qué no haría y diría?

También se ofreció a seguir los asuntos cortesianos García de Lerma, cuya amistad consideraba don Martín conveniente cultivar, pero sin fiarse de él. El motivo interesado de aquella relación no era otro que Núñez pudiese enterarse en el trato con él de algunos asuntos, ya que Lerma era amigo del doctor Beltrán, consejero de Indias. Sospechas en su actuación, pero guardando las formas para no dar muestra de ello, tiene asimismo de un tal Caballos (doc. 15).

Interés por ocuparse de los negocios de Cortés también mostró el hermano del secretario Samano, pero carecía de poder del gobernador para actuar como tal. El ofrecimiento no desagradó a don Martín, pese a la juventud del candidato, pues en casa de su hermano podría enterarse mejor que otros de lo que se trataba y, además, contando con él parecería que gozaban del apoyo de Juan de Samano (doc. 18). Pese a todos los ofrecimientos, a los ojos de don Martín el mejor candidato siempre fue el licenciado Núñez, su sobrino.

Los apoyos nunca sobran

Don Martín buscó siempre los apoyos que consideró necesarios para alcanzar sus objetivos. Ninguna vía posible se descuidó y en este sentido el propio Cortés fue muy explícito en alguna de sus cartas.[84] Aquel deseo de "agradar" a quienes pudiesen favorecer sus intereses lo lleva a tener en cuenta a relevantes personajes como Gattinara, Francisco de los Cobos o Juan de Samano. Tampoco descuidó el cultivo de la amistad de las mujeres de algunos de sus benefactores, entre ellas a doña Beatriz de Ávila, casada con el consejero de Castilla Lorenzo Galíndez de Carvajal, y hacia la que muestra

---

[84] Así se lo comunicó a don Martín: "Y porque yo he hablado acá con Alonso de Mendoza sobre el disponer de algunos dineros e joyas por preseas con algunas personas que puede aprovechar la negociación no hay necesidad de lo aclarar". Hernán Cortés, *Cartas y memoriales*, p. 106. Mendoza había partido de Nueva España en marzo de 1521.

especial consideración hasta el punto de solicitarle, en más de una ocasión, que interceda ante su marido en defensa de sus intereses (docs. 1 y 5). En poner freno a las aspiraciones de Garay consideró oportuno que Núñez trabajase por "ganar la voluntad de Samano, que es mucha parte" (doc. 4). Consciente de que los apoyos se conseguían más cómodamente con regalos y dádivas, desearía estar siempre a la altura de las circunstancias. En ocasiones es posible, en otras su crítica situación se lo impide, lo que a su vez tiene graves repercusiones, de ahí que no dude en comunicarle su aspiración "a todos los quisiera yo tener prendados" (doc. 10). Por ello, si hay que atraer voluntades o favorecer la inclinación de los oficiales, el ofrecimiento ha de ser lo suficientemente generoso como para que se muestren diligentes. En facilitar aquellas dádivas involucraría al banquero Nicolao Grimaldo, en cuyas manos estaban algunas de las piezas empeñadas por don Martín y los procuradores, entre ellas una taza de la que se ocupa en varias cartas (docs. 1, 2 y 3). Aquella pieza debió de ser la que ofrecieron a Samano, que rehusó el presente si tenemos en cuenta sus palabras al licenciado Núñez: "No sé por qué Samano no quiso la taza que tancarome (*sic*)" (doc. 15). De todas maneras, profundamente convencido del cumplimiento de la voluntad divina, es consciente del carácter efímero de todos los apoyos terrenales pues "tan presto lleva Dios a los que tienen favor como a los que no lo tienen" (docs. 1 y 11).

El canciller Gattinara y el secretario Francisco de los Cobos "son el todo", por lo que su apoyo es fundamental.[85] De su actitud favorable hacia Cortés le informó el doctor Carvajal, a quien tantas veces solicitó consejo o asesoramiento y cuya amistad y la de su familia cultivó (doc. 15). Pese al favor buscado y en ocasiones logrado, don Martín siempre estuvo atento a las maniobras y aspiraciones de otras personas que pudiesen perjudicar los intereses de su hijo. Entre aquéllas aparece el nombre de Pedro Suárez de Castilla, oficial de la Casa de la Contratación con el que no mantuvo buenas relaciones, de ahí que el mero comentario de que pretendía un oficio en la Nueva España lo inquiete pues contaba con la amistad del secretario Cobos (doc. 15).

---

[85] La ascendente trayectoria del secretario fue trazada por Hayward Keniston, *Francisco de los Cobos: Secretario de Carlos V*. Madrid, Castalia, 1980.

Don Martín escribe sin parar a unos y otros, hasta cansarse. Destinatarios de sus cartas fueron, entre otros, Gonzalo Maldonado, obispo de Ciudad Rodrigo y consejero de Indias, el duque de Béjar, el conde de Aguilar, don Álvaro de Zúñiga, Juan de Ribera, etc. Cuando no puede escribir a Gattinara, a Francisco de los Cobos y a Juan de Samano, confía en que sea Núñez el que lo haga en su nombre y por ello le envía cartas con su firma, para que el sobrino consigne el texto más conveniente y lo remita a quien más interese (docs. 15 y 16).

Los rumores que circulaban en la Corte sobre la suerte y futuro de Cortés intranquilizaron a un don Martín enfermo y cansado. La inquietud se tornó en desasosiego cuando Francisco de Sagredo, informado por un pariente de la mujer de Samano, le comunicó que a Cortés no le quitarían la gobernación, no porque con ello reconociesen sus servicios, sino por la necesidad que había de su persona, y que se nombraría una Audiencia. Casi adivinando la opinión de Cortés expresó don Martín la suya. Semejante medida no traería en la Nueva España mejores resultados que en Santo Domingo, pues "En cualquier manera que en la tierra haya diferencias nunca estará en paz, que es la que ha de conservar la tierra" (doc. 15). Convencido de que los del Consejo se equivocaban con la medida adoptada intuyó que en semejantes condiciones su hijo no querría permanecer en la Nueva España.

Aquella sospecha se confirmó en el segundo de sus extremos, pues se proveyó Audiencia y, para mayor disgusto, no se le concedió la gobernación a Cortés. Se sentaban, en su opinión, las bases para que en aquellas condiciones su hijo decidiese regresar, pues "no te diré que te vayas mas hacerte he las obras" (doc. 18). Confiando en el cumplimiento de la voluntad divina no le queda otro remedio que aceptar la situación y concluir que el responsable de aquella medida "bien terná qué confesar y aun de qué hacer penitencia" (doc. 18). Tras tener noticia del nombramiento de la Audiencia don Martín adelantó a Núñez, el día de la Ascensión de 1527, lo que intuía que ocurriría y apuntó la conveniencia del regreso de su hijo para presentar sus quejas:

He pensado que si sabe de la ida de la Chancillería que se ha de venir aunque no tenga loancia (*sic*) y ahora lo sepa antes o después y si de causa de su venida sucediese algund daño como es notorio que sucederá, que le cargarán la culpa. Mirad todos mucho en ello y consultaldo con el duque y conde si sería bien pedir licencia al rey para venir a quejarse o a cosas que le cumpliesen que lo pudiese hacer y dejar allá alguno en su lugar porque tengo esto por muy cierto.

Conocida la decisión de nombrar Audiencia, la mayor preocupación de don Martín fue saber quiénes serían los designados. Los rumores que circulaban sobre los posibles candidatos para ocupar la presidencia llegaron a don Martín, que menciona a Gonzalo Maldonado, obispo de Ciudad Rodrigo y consejero de Indias, del que incluso se decía que tenía intención de llevar en su compañía a un hermano de Diego de Ocampo, el que fuera lugarteniente de Cortés (doc. 19). El nombre que no querría escuchar en aquella ocasión era el de Marcos de Aguilar, en cuyas manos había quedado la gobernación tras el fallecimiento del juez de residencia Ponce de León. Si en algún momento llegó a considerarse al obispo de Ciudad Rodrigo la propuesta no prosperó, ya que como presidente de la Primera Audiencia de México fue nombrado Nuño de Guzmán y las plazas de oidores recayeron en los licenciados Juan Ortiz de Matienzo, Diego Delgadillo, Alonso de Parada y Francisco Maldonado. Los dos últimos fallecieron al poco de llegar a Nueva España y la Audiencia comenzó a gobernar el 9 de diciembre de 1528. En lo que sí acertó don Martín fue en las consecuencias que de aquella medida se derivaron, en buena medida resultado de la gestión del presidente, y en la conveniencia del viaje de Cortés a la península.

Don Martín también tuvo la oportunidad de hacer gestiones en una de las grandes aspiraciones de su hijo: la empresa de la Mar del Sur. En el poder que Cortés le otorgó en Coyoacán en 1522 se especificaba, entre otras comisiones, que era para "hacer relación del descubrimiento de la Mar del Sur que yo agora nuevamente a mi costa e por mi industria he hecho, por servir a sus Altezas, e de lo que en prosecución del dicho descubrimiento, conquista e población de la dicha mar yo he puesto en obra". De los preparativos de aquella prometedora empresa lo mantuvo informado su hijo y sin duda conoció más extensamente sus planes por lo confiado a Pedro de Alvarado, a quien Cortés encargó entregar en la península a Juan de Santa Cruz cierta cantidad para la compra de jarcias y otras cosas necesarias para la expedición a la Especería (doc. 19).[86] Para la realización de aquella jornada Cortés solicitaba la merced de la provincia de Michoacán, como se lo hizo saber a don Martín. Desde el verano de 1525, en el que llegó el presente que Cortés enviaba al emperador y del que formó parte la famosa culebrina llamada "El Fénix", don Martín parece no tener descanso y su ritmo es frenético. Cuando cree resuelto un asunto aparece otro que de nuevo requiere toda su atención. Además, las promesas no se cumplen, los dineros no llegan a sus manos y los problemas crecen, pero él no ceja en sus intentos. Aquella cualidad sin duda alguna fue heredada por el hijo.

En febrero de 1527 tuvo noticia don Martín del regreso a la península de fray Diego Altamirano (doc. 15) a quien meses después sitúa defendiendo los asuntos de Cortés (doc. 17). Fue a fray Diego a quien encargó quejarse ante el duque de Béjar, el conde de Aguilar y don Álvaro de Zúñiga del agravio que se había hecho con la incautación de todas las escrituras que de su hijo habían llegado recientemente a la Casa de la Contratación. Atando cabos llegó a la conclusión de que tras aquella medida estaba Pedro Suárez de Castilla, al que profesa pocas simpatías, inducido en buena medida por Rodrigo de Albornoz.

Las continuas incautaciones se convirtieron para él en un quebradero de cabeza al que no veía pronta solución. El secuestro del envío que llegó a la península aquel año obligó a don Martín, una vez más, a buscar todo tipo de apoyos. ¡Qué diferente sería su situación si el secretario Cobos entendiese en los negocios de su hijo! La coyuntura era más grave que en ocasiones anteriores ya que ahora también se habían retenido las escrituras que Cortés enviaba. Resuelto, empuñó la pluma e indicó con detalle a Núñez cómo debería proceder en el caso movilizando a todos sus apoyos (doc. 17):

Hame parescido sería bien que el duque suplicase a la emperatriz que encargase a Cobos las cosas del gobernador pues sabéis cuánta parte es, y si no el duque, que se lo suplique el conde y, sin el conde, la señora condesa Dalfaro *(sic)*, y habíaselo dencargar y mandar de manera que aprovechase y aun a el

---

[86] Sobre el desarrollo de aquella empresa trató Miguel León Portilla, *Hernán Cortés y la Mar del Sur*. Madrid, AECI, 1985.

obispo de Osma si os paresciere. Trabaja cómo no se pierda escriptura ninguna sobre los dineros que el gobernador dio, que debe a Su Majestad.

En su opinión, la situación era tan grave como para que el duque de
Béjar se señalase en defensa de Cortés y comunicase al rey todo lo sucedido, e idéntico proceder esperaba del conde de Aguilar y de Hernán
Darias. Lo mejor sería que el rey viese personalmente lo que Cortés escribía, pues estaba convencido que no se le diría al pie de la letra (doc. 18).
En la primavera de 1527 la consideración de Cortés en la Corte no atra-
viesa por su mejor momento, pues circulaba el rumor, cada vez más intenso, de su implicación en la muerte del juez de residencia Ponce de
León. Don Martín fue consciente de que todas las precauciones en el caso
eran pocas y por ello, antes de que interesadamente se puedan mudar
voluntades, apunta la conveniencia de que un espía intercepte a Pedro
de Alvarado en el puente de Valdestillas para que, si antes de ir a la Corte no pasaba por Medellín, estuviese informado del estado de los negocios de Cortés y prevenirlo así de cualquier acción contraria a sus intereses (doc. 19).

Las preocupaciones que no cesan:
Velázquez, Garay, Albornoz, Narváez

Una de las preocupaciones iniciales de don Martín fue frenar, neutralizar o desbaratar las aspiraciones de todos aquellos personajes que interfe-
rían en los planes de su hijo. Entre aquellos, en los primeros momentos,
todos sus esfuerzos se concentraron en dos nombres: Diego Velázquez y
Francisco de Garay.

Diego Velázquez, dispuesto a recuperar lo que consideraba suyo tras
el éxito de Cortés, movió todos los hilos que tenía a su alcance en la península. Además de despachar a Gonzalo de Guzmán tras la embarcación
de los procuradores Montejo y Portocarrero, contaba en Castilla con el
apoyo de su capellán Benito Martín y, sobre todo, con la simpatía de
Juan Rodríguez de Fonseca, obispo de Burgos, que pretendía casarlo con
una sobrina suya. El relevante papel de Fonseca en los asuntos indianos
lo convertía en el transmisor al monarca de los asuntos de Indias. En

opinión de don Martín las relaciones que elevaba el obispo no coincidían con lo reflejado en las escrituras y memorias que sobre el descubrimiento de la tierra él había tenido ocasión de leer y en las que figuraba que la hazaña se debió a Francisco Hernández de Córdoba, Cristóbal Morante y Lope Ochoa de Caicedo en una expedición en la que participó como piloto Antón Alaminos y que, en un segundo intento, la empresa fue confiada a Juan de Grijalva (doc. 8). Todo aquello, además, se comprobaba en una misiva que su hijo enviaba al obispo y en la que, una vez más, se decía que fueron tres los vecinos que descubrieron la tierra, pero Fonseca en sus relaciones mencionaba sólo a uno para favorecer a Diego Velázquez (doc. 9).

Neutralizar o apartar a Fonseca de los asuntos de Cortés fue una de sus prioridades en los años iniciales. El éxito, por cierto, se lo arrogó el licenciado Núñez pues a intercesión suya el doctor Carvajal habló al emperador,[87] que nombró una comisión para entender en las diferencias entre Cortés y Velázquez y de la que formaron parte Mercurino Gattinara, el señor de La Chaulx (Lasao), el doctor Rocca, Fernando de Vega, el licenciado Francisco de Vargas y el propio doctor Lorenzo Galíndez de Carvajal.[88] El agradecimiento de don Martín hacia algunos de ellos por el apoyo recibido se manifiesta claramente en sus cartas (doc. 1).

Las pretensiones de Francisco de Garay y las inquietantes noticias que llegaron a don Martín sobre la armada que preparaba para la provincia de Pánuco hicieron aflorar sus temores por las consecuencias que podrían derivarse de aquella empresa. Sobre sus andanzas parece estar bien informado, pues sabe que había acumulado dos fracasos consecutivos en sus intentos, haciendo alusión a sus expediciones a Pánuco en 1518 y 1519. La tierra había dado obediencia a su hijo en nombre del

---

[87] El licenciado Núñez se ocupó de su recusación, al menos eso es lo que declaró en el memorial de servicios de 1544: "El año de veinte e tres, en la villa de Valladolid, después de ido el licenciado Céspedes, recusé al obispo de Burgos y el dotor Caravajal por mi respeto habló al emperador, e se dio por recusado el dicho obispo que era presidente de las Indias, e por mandado del emperador deputaron a seis personas para que conociesen de las diferencias que había entre el dicho marqués e Diego Velázquez gobernador de Cuba, el cual decía que el dicho marqués se le había alzado con la empresa". AGS, Consejo Real, 588-7.

[88] Francisco López de Gómara, p. 344; Bernal Díaz del Castillo, cap. CLXVIII.

rey y temía que se levantase para defenderlo. Por ello, el rumor de que Bernardino Íñiguez llevaba una provisión favorable a Garay, pese a que Ribera había logrado una en la que se le ordenaba no entrometerse en la gobernación de Cortés,[89] consiguió preocuparlo (docs. 4 y 7). Además, los comentarios contradictorios que circulaban sobre la relación de Garay y Cortés hacen que no sepa a qué atenerse. En septiembre de 1524 unos daban por cierta la muerte del primero y otros sostenían que les unía una gran amistad y que por ello habían acordado el matrimonio de sus hijos. Aquellos rumores se confirmaron en los dos extremos. De forma velada don Martín desliza en el texto de sus cartas las maldades que sobre el caso se decían y que no dejaban a Cortés en buen lugar al responsabilizarlo de la muerte de Garay por envenenamiento (doc. 10).[90]

Otro personaje que tiene cabida en los escritos de don Martín es el contador Rodrigo de Albornoz. En su opinión, su actitud contraria a Cortés se había manifestado incluso antes de salir de la península y, como era de esperar, no cambió a su llegada a Nueva España. En efecto, Albornoz se apresuró a informar al Consejo de Indias, sin dejar nada en el tintero, del comportamiento y situación de Cortés. Coincidió la estancia del contador en México con una etapa turbulenta en la que afloraron, en ausencia de Cortés en las Hibueras, las pasiones y bandos entre los oficiales reales y los partidarios del gobernador. A finales de 1526 Albornoz emprendió el regreso a la península y de su presencia en Sevilla da cuenta don Martín en su carta de 11 de febrero del año siguiente (doc. 15). La llegada a España del contador y de fray Tomás Ortiz fue un nuevo escollo que tuvo que afrontar. Aquellos perjudiciales y maldicientes comentarios que se hacían sobre su hijo (docs. 15 y 16) le hacen volver los ojos, una vez más, al duque de Béjar, con la intención de que prevenga al soberano del agravio que recibiría su hijo en "dar oídos a todos cuantos

---

[89] Valladolid, 24 de abril de 1523. *Documentos cortesianos,* vol. I, pp. 262-263.

[90] La muerte de Garay por envenenamiento fue refutada por Anglería al hacerse eco del testimonio de un vecino de Sanlúcar de Barrameda que había partido de Veracruz en abril de 1524 y cuyo testimonio, en su opinión, eximía "a Cortés de toda sospecha de haberle suministrado veneno, pues asegura que la muerte le sobrevino al mencionado de la misma enfermedad de dolor de costado o pleuresía". Pedro Mártir de Anglería, Década VIII, lib. V, p. 679. Así lo refleja también Francisco López de Gómara, p. 398.

apasionados de allá vienen, sin ser él oído ni ninguna persona por él" (doc. 16).[91] Aquellos comentarios que tanto preocuparon a don Martín eran los que hacían responsable a Cortés del fallecimiento del juez de residencia Ponce de León y que se ocupó de propagar fray Tomás Ortiz. Graves acusaciones que Cortés trató de refutar enviando los testimonios de los médicos que lo habían atendido en su enfermedad y sobre cuya entrega al obispo de Osma dio instrucciones claras y puntuales al licenciado Núñez.[92] Además, con el contador Rodrigo de Albornoz y fray Tomás Ortiz vinieron muchos de los que se habían alzado con el factor Gonzalo de Salazar y el veedor Peralmíndez. La voluntad de Cortés era que se ordenase el regreso de Albornoz para dar cuenta de su oficio y también el de los que lo acompañaron para respaldar sus testimonios (doc. 19).

Un nuevo asunto vino a sumarse a las preocupaciones del padre de Cortés en los primeros meses de 1527. A su regreso a la península Pánfilo de Narváez se había quejado enérgicamente sobre la imagen que de su persona daba Cortés en sus *Relaciones*. Ambos personajes habían tenido sus más y sus menos en la Nueva España. En uno de aquellos enfrentamientos Narváez había perdido un ojo, pero no estaba dispuesto a que ocurriese lo mismo con su fama y honra. En cuanto pudo movió sus hilos y solicitó que se prohibiese su impresión y se rasgasen los ejemplares disponibles para la venta. Sus deseos se vieron cumplidos cuando, por real cédula dada en Valladolid el primer día de marzo de 1527, don Carlos dispuso:

> Que las dichas cartas y relaciones no se puedan imprimir más e que ningund librero ni impresor las puedan vender so pena de la nuestra merced e de cincuenta mill maravedís para la nuestra Cámara e [a] cada uno que lo contrario hiciere.[93]

---

[91] El compromiso del duque de Béjar con Cortés lo recogió Bernal Díaz del Castillo, cap. CXCV: "en el tiempo que ponían las acusaciones y decían muchos males contra Cortés delante de su majestad, puso tres veces su cabeza y estado por fiador de Cortés y de los soldados que estábamos en su compañía, que éramos muy leales y grandes servidores".

[92] "Memorial de Hernán Cortés al licenciado Núñez y a las personas que entienden en sus negocios sobre lo que han de hacer en el despacho que lleva Pedro de Alvarado", s.l. s.a [Cuernavaca, enero de 1527]. Hernán Cortés, *Cartas y memoriales,* pp. 129-131.

[93] Hasta ahora se desconocía el texto de esta cédula que se creía perdida. Así lo señaló José Luis Martínez, *Hernán Cortés*, pp. 858-859. Se conserva un traslado en ARChV, Pleitos Civiles, Zarandona y Balboa, Olvidados, fol. 217.

Narváez había llegado a la Corte en febrero de 1527 y no parece que le costase demasiado la obtención de la mencionada cédula que fue pregonada en la universitaria Salamanca el 20 de abril de ese año. En defensa de los intereses de Cortés el licenciado Núñez siguió pleito sobre el asunto en mayo de ese año y, aunque no se revocó lo dispuesto en la cédula ganada por Narváez, logró que a comienzos de junio se ordenase su devolución al Consejo de Indias.[94] Éste es otro de los aspectos que aparece reflejado en la correspondencia de don Martín con su sobrino. Obtenida la cédula por la que se mandaba a Narváez entregar en el Consejo la que prohibía la impresión de las *Relaciones* de Cortés, urgía notificárselo pues estaba presto a zarpar con destino a Florida. Los intentos de Alonso de Mendoza en Sevilla fueron vanos y así se lo comunicó a don Martín. Probablemente, después de tener noticia de que no había sido posible localizar a Narváez, creyó conveniente que ante aquella obra, a la que se refiere como "de enemigo mortal", actuasen el duque de Béjar y el conde de Aguilar (doc. 19).

Dineros que no llegan

Una de las grandes preocupaciones de don Martín fue recuperar los dineros incautados a su hijo en la Casa de la Contratación. En este sentido no le importa la manera: en efectivo, en juros, en libranza o con una cédula para cobrarlos del primer envío que llegase. La intención no era otra que la de disponer de dichas cantidades para satisfacer las peticiones de su hijo. Algunos de aquellos desvelos aparecen en sus cartas.

La captura por parte del pirata Florín del rico presente que envió Cortés con los procuradores Ávila y Quiñones impidió la contemplación de las excepcionales piezas embarcadas. En la Corte sólo fue posible admirar una pequeña muestra de aquellos objetos, pertenecientes a Juan de Ribera y a don Martín, y lo contenido en la única caja que se salvó

---

[94] El primer día de junio de 1527 don Carlos ordenó a Narváez que "luego que esta mi cédula vos fuere notificada, enviéis ante nos, al nuestro Consejo de las Indias, la dicha cédula oreginal, con cualquiera auto o autos del pregón o pregones que con ella se hobieren dado". *Documentos cortesianos*, vol. I, p. 465.

de todas las remitidas. El temor a los franceses hizo que Cortés demorase un nuevo envío (doc. 10), decisión que vino a comprometer aún más la consideración de su persona en la Corte pues, a la falta de noticias se sumó la ausencia de presentes, lo que favoreció que se generalizasen los comentarios de su posible defección, sospecha a la que de ninguna manera podía dar crédito don Martín que puso todo su empeño en acallarlos.

De las cantidades incautadas a los procuradores de la Veracruz fue Montejo, tal vez con el favor de Samano, el que logró la devolución de todos sus dineros mientras que don Martín trató de recuperar los suyos en aquella ocasión con un juro en las alcabalas de las yerbas de Trujillo (doc. 4). Aunque el padre de Cortés es consciente de lo que aquellos envíos supusieron para el desarrollo de la política del emperador, incluso apunta que sirvieron para tomar la fortaleza de Maya, más le gustaría disponer de las remesas enviadas para proveer a su hijo de todos los artículos que aquél pedía en sus cartas (doc. 8). Fueron muchas las gestiones para recuperar aquellas cantidades, pero escasos los resultados, aunque nunca parece perder la esperanza de que un próximo envío resuelva la situación.

Fray Pedro Melgarejo fue portador de cierta cantidad para don Martín registrada a nombre de un vecino de Sevilla. Aquel envío, como otros muchos que lo habían precedido, fue retenido en la Casa de la Contratación. La persona a cuyo nombre venía registrado dio poder a García de Lerma para que lo cobrase en un juro. ¿Cómo iba a recuperar aquella cantidad? Lógicamente con discreción, pero Lerma, lejos de comportarse como esperaba don Martín y le había asegurado Melgarejo, mudó su intención de hacer la renuncia a su nombre. Las dotes de Melgarejo como negociador le hacen confiar en que "por muerte o por vida" lo convencería (doc. 11). Nada se sabe sobre si el fraile logró que don Martín recuperase aquella cantidad.

Las esperanzas depositadas en disponer del envío de Cortés que llegó a la península a finales de julio de 1525 pronto se desvanecieron. La dilación que en la entrega mostraban los oficiales de la Casa de la Contratación se justificó cuando llegó a sus manos la carta del rey en la que disponía de él (doc. 12). Aquella medida, que afectaba a otros muchos, fue rápidamente comunicada al duque de Béjar y a don Álvaro de Zúñiga para que estuviesen enterados del agravio y contrariedad que suponía la privación de aquella remesa. Aquel nuevo embarazo impediría enviar todo lo que pedía Cortés y por ello también Núñez se ocuparía de comunicárselo al doctor Carvajal. Que el sobrino se interesaría por el tema estaba garantizado pues entre lo incautado, por venir en la misma partida que lo del gobernador, se encontraban ciertas cantidades de Rodrigo de Paz para su madre y su hermana (doc. 12).[95] En la calurosa Sevilla, en el mes de agosto de 1525, don Martín no se daba abasto. Además de sus personales actuaciones en la Casa de la Contratación, escribió numerosas cartas con la intención de confiarlas a Montejo que estaba presto para partir a la Corte (doc. 12), reiteró aquellas misivas al día siguiente para que las llevase fray Pedro Melgarejo y, viendo que también su viaje se demoraba, decidió despachar un correo propio para que aquellas escrituras llegasen cuanto antes a manos del duque de Béjar y don Álvaro de Zúñiga. Eran los únicos que podían hacer que se desembarazase aquel embargo (doc. 13).

Conocida la situación, Núñez trató de buscar soluciones y el 21 de agosto ya obraba en poder de don Martín la relación de las gestiones realizadas. También se apresuró a responder a sus inquietantes cartas don Álvaro de Zúñiga (doc. 14). El duque de Béjar fue informado muy extensamente sobre este embargo por las implicaciones que tendría en el proyectado matrimonio de Cortés con su sobrina, máxime cuando aquel oro y plata habían sido enviados para llevar a doña Juana de Zúñiga a la Nueva España. Aquella situación vivida en el verano de 1525 logró alterar tanto al padre de Cortés que llegó a escribir "ando tan desatinado que no sé lo que hago" (doc. 14).

Buscando esposa "noble y de linaje" a Cortés

La etapa de convivencia conyugal de Cortés con Catalina Suárez Marcaida en la Nueva España fue breve.[96] El primer día de noviembre de

---

[95] De aquel embargo, destinado a la financiación de la política europea del emperador, se hizo eco Francisco López de Gómara, p. 349.

[96] Sobre la llegada de la esposa de Cortés a Nueva España Gómara dice que la llevó a México con "gran fausto y compañía" mientras que Bernal ofrece una visión diferente al afirmar que cuando lo supo "dijeron que le había pesado mucho su venida". Bernal Díaz del Castillo, cap. CLX.

1522, cuando habían transcurrido poco más de tres meses desde su llegada, Catalina apareció muerta en el lecho.[97] Años después, durante el juicio de residencia a Cortés, iniciado durante su estancia en la península, algunos testigos sacaron a relucir las circunstancias en las que se produjo su fallecimiento. Es entonces cuando las dudas que se plantean se proyectan como una larga sombra sobre la figura del que fuera su marido y salen a la luz algunos aspectos de la vida privada del matrimonio, del tiempo que tardaron en vivir juntos tras la boda, de la naturaleza enfermiza de la dama, de cómo fue hallada en el lecho de muerte, etc.[98] Desconocemos si Cortés llegó a dedicarle algún comentario en sus escritos más íntimos pero sí tenemos noticias de que don Martín conoció su muerte bastantes meses más tarde por los comentarios que llegaron a sus oídos: "De la Nueva España no tengo otra nueva, salvo que dicen que su mujer de mi hijo es fallescida, y no lo tengo por carta" (doc. 5).

A partir de aquellos momentos la esperanza de don Martín fue que su hijo realizase un matrimonio ventajoso con una dama noble y de linaje, requisitos que no reunía Catalina Suárez, la primera esposa de Cortés (doc. 8). La falta de noticias sobre las intenciones de Cortés tras quedarse viudo le inquieta hasta tal punto que, sospechando que algún caballero gestione ante el monarca el matrimonio de alguna de sus hijas con el gobernador, sin que se tenga conocimiento de las cualidades de la dama y ni "si ha parido ni quién es", prevenga al licenciado Núñez. Aquel clima favorable a las insinuaciones matrimoniales fue apuntado por Gómara al señalar que cuando en Castilla se supo cómo estaba viudo "trataron muchos de casar a Cortés, que tenía mucha fama y hacienda".[99] Siempre que la pretensión no fuese favorable a los intereses de su hijo la recomendación al licenciado Núñez es que busque el apoyo del doctor Carvajal

---

[97] A diferencia de otros puntos Bernal no ahondó en las causas de su muerte "y dende a obra de tres meses que hubieron llegado oímos decir que esta señora murió de asma; y que habían tenido un banquete el día antes, y en la noche, y muy gran fiesta; y porque yo no sé más desto que he dicho no tocaré más en esta tecla". Bernal Díaz del Castillo, cap. CLX.

[98] El cuestionario del interrogatorio y la declaración de los testigos en *Documentos cortesianos*, vol. II, pp. 78-96.

[99] Francisco López de Gómara, p. 404.

para desbaratar la propuesta que no interese. Lo que preocupaba a don Martín no era la posición económica de la posible candidata sino su categoría social, por ello su aspiración era que en la elección se antepusiese la honra a la hacienda (doc. 7).

Tras tener la certeza de que su hijo está viudo la actitud de don Martín será de cautela. Es mejor esperar algún ofrecimiento que tener que soportar la respuesta de "Ayúdeos Dios" si toma la iniciativa en la negociación (doc. 10). Pronto empezaron a barajarse los nombres de posibles candidatas. En Medellín se comentó la posibilidad de que se casase con la nieta de un duque, hija de un tal don Rodrigo, muchacha joven y honrada, aunque se descartó aquella propuesta por ser poco ventajosa y escaso el favor que obtendría Cortés (doc. 8).

Los comentarios sobre las posibles candidatas se suceden en las cartas al licenciado Núñez. Fue en Medellín el lugar en el que por primera vez se habló de la cuñada de Francisco de los Cobos. El nombre de aquella noble dama, de tan sólo 17 años y gran belleza, hermana de doña María de Mendoza y Pimentel, fue sugerido a don Martín por Cristóbal de Mendoza, contino del emperador, que se ofreció a realizar las gestiones oportunas con el secretario Cobos. La experiencia o la prudencia guiaron a don Martín en la respuesta en aquel momento, pues ambos acordaron esperar a conocer la opinión de Cortés antes de iniciar las conversaciones sobre aquella posible unión. Respuesta de cortesía por parte de don Martín pues, como comunicó reservadamente a Núñez, "si me acometiesen con cosa que nos cumpliese a la hora lo concluiría y se la enviaría allá, porque de aguardar respuesta ésta sería mucha dilación" (doc. 8). Por ello, lo mejor que podían hacer era esperar y estar atentos a los comentarios que sobre aquella posibilidad se hiciesen y, si fuesen favorables a los intereses de Cortés, recurrirían, como en otras ocasiones, al doctor Carvajal para conocer su opinión antes de tomar una determinación.

Sobre la conveniencia de la cuñada de Cobos trataron el licenciado Núñez y fray Pedro Melgarejo. No obstante, don Martín estaba convencido de que en aquella negociación se necesitaba, además de sagacidad y diligencia, un defensor del proyecto. El más conveniente le parece el doctor Carvajal, por considerar que su situación en la Corte le permitiría acceder a Cobos con facilidad, sin olvidar en el caso la opinión que dicha unión le merecía a doña Beatriz de Ávila, mujer del consejero (doc. 9). En las gestiones para encontrar esposa a Cortés don Martín no implicó a Juan de Ribera y, aunque en un principio no se mostró partidario de ocultarle el posible plan, dejó a discreción de Núñez que se enterase, aunque más adelante, cuando se trató sobre aquel posible matrimonio, le escribió extensamente a él y a fray Pedro Melgarejo. De que le gustaba la posibilidad de emparentar con los Mendoza y con el secretario Cobos mediante aquel ventajoso matrimonio no cabe la menor duda, pues llega hasta el punto de afirmar: "es la cosa que yo en este siglo más deseo y querría que sin ninguna dilación se concluyese" (doc. 10). Los comentarios que don Martín dedica a la posible boda de su hijo con una de las cuñadas de Cobos prueban que aquella opción fue tenida en cuenta, pero ya estaba totalmente olvidada cuando Cortés regresó a la península en 1528, momento en el que Bernal recreó aquella posibilidad cuando coincidió con doña María de Mendoza y su hermana "que era muy hermosa" en Guadalupe.

Independientemente de quién fuera la candidata elegida, Cortés estaba dispuesto a plegarse a la elección de sus padres y así se los había hecho saber. En aquellas negociaciones matrimoniales también se consideró a una mujer viuda, cuya identidad desconocemos, y por la que no mostró excesivo interés don Martín. Además, en aquel caso lo prudente era que los interesados diesen el primer paso. Debía reunir cualidades la dama ya que dispuso que Ribera, que cuando quería hacía las cosas bien, indagase la conveniencia de aquella unión nada más ni nada menos que pidiendo la opinión a Juan de Samano (doc. 11).

Al final, la elegida fue doña Juana Ramírez de Arellano y Zúñiga, sobrina del duque de Béjar e hija de don Carlos Ramírez de Arellano, conde de Aguilar. Era doña Juana hermosa y su familia tenía antigüedad y linaje, requisitos que tanto buscó don Martín en la futura esposa de su hijo. En aquella negociación de emparentar a la dama con Cortés puso mucho interés el duque de Béjar[100] cuyo apoyo había sido crucial para acallar los comentarios y críticas que se hicieron en la Corte sobre el comportamiento de Cortés. Concertada la boda con doña Juana de Zúñiga

---

[100] Francisco López de Gómara, pp. 404-405.

por la capitulación matrimonial que don Martín acordó con el duque de Béjar (doc. 19), su mayor deseo será concluir con la familia de la dama las condiciones de su viaje a Nueva España. Su mermada salud venía a apremiar aquel deseo detrás del cual llevaba varios años. A finales de junio de 1527 fray Diego Altamirano dio cuenta a don Martín de la nueva capitulación que había convenido para llevar a la dama. Las condiciones le parecieron imposibles de cumplir y por ello era preciso tener en cuenta todos los puntos antes de dar su conformidad y que fray Diego Altamirano, Hernán López Caldera y el licenciado Núñez analizasen con detenimiento aquellos capítulos y los consultasen con Hernán Darias. Su voluntad era proseguir las negociaciones y por ello buscará la manera de conciliar los intereses de ambas partes. En su opinión el viaje debía estar en consonancia con la posición de la dama, pero sin gastos superfluos. La discreción de que recomendó hacer gala en las conversaciones revela el miramiento que tuvo en que no se interpretase ningún gesto como de falta de interés en la realización de aquel viaje en el que estaba dispuesto a asumir sólo los gastos de doña Juana y del pequeño grupo que la acompañaría.

Pese a los preparativos de aquel viaje y a las peticiones que Cortés hizo a su padre si iba doña Juana,[101] el acuerdo matrimonial no se convirtió en realidad hasta la primavera de 1529, cuando tuvo lugar el enlace en la localidad salmantina de Béjar.[102]

Al hilo de las gestiones para buscar esposa a Cortés también don Martín se ocupó de casar ventajosamente a una de sus sobrinas hacia la que tuvo especial consideración hasta el punto de que, si su hijo no regresase a la península, tenía la intención de dejarle toda su hacienda (docs. 1, 8 y 9). Tampoco se descartó en aquellas negociaciones la posibilidad de emparentar con la familia de Cobos pues entre los candidatos se encontraba un

---

[101] Cortés mostró interés en que su casa contase con todo lo necesario para recibir a la dama y por ello solicitó a don Martín: "De todo es menester si doña Juana ha de venir". Tenochtitlan, 1º de octubre de 1526. Hernán Cortés, *Cartas y memoriales*, p. 111.

[102] En aquel escenario lo situó Diego de Ordás en una carta a Francisco Verdugo fechada en Toledo el 2 de abril de 1529. Enrique Otte, "Nueve cartas de Diego de Ordás", en *Historia Mexicana*, vol. XIV-1, 1964. Lo confirma el salvoconducto que el 5 de abril de ese año le concedió la emperatriz a Cortés que "va desta nuestra corte a la villa de Béjar". *Documentos cortesianos*, vol. III, p. 39.

sobrino del secretario (doc. 10). Desconocemos en qué acabaron aquellas conversaciones pues no concreta el nombre de la persona elegida ni el nombre de la muchacha.

No tuvo ocasión don Martín de volver a abrazar a su hijo ni de verlo casado con doña Juana. Según Bernal, conoció Cortés la noticia del fallecimiento de su padre cuando preparaba su viaje de regreso y "si mucho deseo tenía antes de ir a Castilla, desde allí adelante se dio más priesa".[103] Mejor suerte tuvo doña Catalina al comprobar cómo su hijo disfrutaba del tratamiento de marqués al lado de tan ilustre dama. Conocedora de los secretos de las letras también se carteó con el licenciado Núñez: "creo que estará quejoso de mí porque no le he escrito" (doc. 20). Al igual que su marido, confió en el deudo y así, antes de salir de la península, le encargó cierta gestión sobre unos casares que pretendía. No obstante, la faceta que más sobresale de esta carta que escribió a Núñez es la maternal. El cariño de abuela que tuvo ocasión de dar a don Martín, el hijo que Cortés tuvo con doña Marina, suscitó en ella palabras de ternura. Por voluntad paterna el niño debía permanecer en la Corte, pero ella no quiso partir a la Nueva España sin previamente encomendarlo al pariente. En reciprocidad prometía pagarle con la misma moneda, que no era otra que velando por sus hijas Lucía y Beatriz, dado que las pequeñas formaban parte del séquito de doña Juana (doc. 20).

Asuntos de familia

En la relación epistolar de Martín Cortés con su sobrino el licenciado Núñez aparecen una serie de asuntos que pertenecen a la esfera doméstica y familiar. Respecto a la situación económica de los padres de Cortés destacó Gómara que, a pesar de ser nobles, antiguos y honrados, tenían poca hacienda.[104] El deseo de incrementar su patrimonio fue claro después del éxito del hijo, dejando constancia de ello en lo escrito a Núñez. Así, en marzo de 1524, enterado de los comentarios que circulaban en

---

[103] Bernal Díaz del Castillo, cap. CXCV.
[104] Sobre las propiedades de los Cortés en Medellín trató Celestino Vega, "La hacienda de Hernán Cortés en Medellín", *Revista de Estudios Extremeños*. Badajoz, 1948.

Medellín sobre la venta de cierta propiedad que el convento salmantino de Sancti Spiritus tenía en Poblezuela de la Reina, dio instrucciones para que los hermanos del licenciado que residían en Salamanca se informasen para considerar su adquisición (doc. 7). Nada pudo hacer en aquella ocasión ya que el rumor no era cierto (doc. 8). Los gastos de su casa se incrementaron y para hacer frente a ellos compró "yerba en más de dos mill ducados" (doc. 10). A finales de junio de 1527 afirmó tener "hacienda que vale veinte mill ducados" (doc. 19). El propio Cortés dio cuenta del patrimonio familiar al afirmar que para hacer frente a los preparativos de su viaje de regreso a Nueva España había vendido "cuatrocientos mill maravedís de renta que tenía mi madre e mi padre me había dejado".[105]

Don Martín, al hilo de los negocios de su hijo, también reflejó en sus cartas algunos asuntos de índole familiar y que directamente afectaban al licenciado Núñez. En este sentido le informa sobre el viaje de sus hermanos Rodrigo y Pedro de Paz: "mis sobrinos, que no me escribieron, mas todos estaban en Santo Domingo buenos" (doc. 4) o de otros parientes como Cristóbal de Salamanca. Contexto familiar al que también pertenecen algunos comentarios sobre Francisco de las Casas o fray Diego Altamirano (doc. 1).

En el conjunto presentado, aunque en menor medida, también aparecen algunas cuestiones domésticas. Entre ellas el encargo a Juan Núñez de una "cuera receba", la compra de una cama "muy buena y no muy grande, más de para mi mujer y para mí" o el envío de una jarra de estoraque para aliviar ciertas dolencias (doc. 11).

V. Cartas de Martín Cortés y Catalina Pizzarro

Criterios de edición

Las cartas de Martín Cortés y la de Catalina Pizarro reunidas en esta obra ofrecen al lector un conjunto de textos inéditos de los padres de Hernán Cortés acompañados de un aparato crítico que facilita su lectura y com-

---

[105] Hernán Cortés, *Cartas y memoriales*, p. 238.

prensión aclarando personajes, grafías y acontecimientos. Al lector interesado lo remite a otros documentos con el propósito de situar las misivas en el contexto en el que se redactaron y proporcionarle la cita concreta de su localización. Las referencias bibliográficas que figuran en las notas a pie de página aparecen con el título abreviado, desarrollándose la cita completa en la bibliografía general al final de la obra.

a) Criterios de transcripción

En la transcripción de los textos, con la finalidad de facilitar su lectura, se ha modernizado la ortografía, aunque se mantienen las variantes fonéticas aclarando, cuando su lectura pueda plantear alguna duda, en nota a pie de página, la forma correcta. Los criterios adoptados nos llevan a advertir al lector que se actualiza el uso de *b* o *v* y de la nasal previa (biven: viven; embiar: enviar); el uso de *m* y *n* delante de bilabial u otra nasal (tanpoco: tampoco); la *ç* y la *z* se transcriben como *c* o *z* según corresponda su uso actual (Audiençia: audiencia); se actualiza el uso de la *g* y *j* (magestad: majestad; muger: mujer); se actualiza el uso de la *h* (ovo: hobo); la *y* y la *i*, en función de semiconsonante o semivocal se transcriben como *i* o *y* según el sistema actual (habya: había); la *q* se transcribe como *c* y la *x* como *j* cuando la ortografía actual lo requiere.

En la utilización de mayúsculas y minúsculas, acentuación de palabras y puntuación del texto se sigue el sistema actual. Idéntico criterio se tiene en la separación de palabras; por ello se han unido las letras o sílabas de las que aparecen escritas por separado y hemos separado las que figuran unidas incorrectamente. Las palabras abreviadas se desarrollan escribiéndose con todas sus letras.

Los corchetes [ ] se emplean para indicar que las letras o palabras en ellos contenidas no fueron escritas por el amanuense, pero cuya inclusión consideramos necesaria para la lectura correcta. En los casos de espacios en blanco dejados de forma intencionada también utilizamos los corchetes y entre ellos escrito en cursiva "en blanco": [*en blanco*]. Si es posible la restitución de las letras, palabras o frases que no se pueden leer, tal circunstancia se indica escribiendo entre corchetes el texto restituido.

Las letras o palabras escritas con posterioridad, al margen u otro lugar del texto, las incluimos entre paréntesis angulares: < >. La mayoría figura en la cubierta de la carta y, por la grafía y tiempo verbal utilizado, algunas pueden ser atribuidas al licenciado Núñez.

Escribimos entre paréntesis y en cursiva las notas explicativas dirigidas a los lectores para señalar las particularidades del texto, por ejemplo *(cruz)*, *(signo)*, *(cosido)*, *(roto)*.

Las contracciones en desuso han sido mantenidas y cuando ofrecen dificultades de interpretación se hace la aclaración correspondiente en nota a pie de página. Por ello aparecerá "nos" (no os), "deste" (de este), "quel" (que el), "quél" (que él), etc.

Los nombres propios de lugares y personas se han transcrito como aparecen en el original, aclarando en nota a pie de página su ortografía correcta.

La repetición de palabras por distracción del escribano o del autor de la carta y aquéllas que aparecen mal escritas se reproducen como aparecen, advirtiéndolo con "sic" escrito entre paréntesis y en cursiva *(sic)*.

Las lecturas dudosas se indican mediante el uso de una interrogación entre paréntesis (?) a continuación de la versión dada. Las tachaduras, correcciones y anomalías singulares que aparecen en el texto no se han incluido en la transcripción sino que se han consignado en las notas.

La utilización del calderón con valor de mil se ha transcrito como mill. Los números romanos se respetan y se transcriben como tales cuando así aparecen en el original, tanto para indicar fechas como cantidades.

b) Sobre la presentación del texto de las cartas

Todos los documentos de esta recopilación se encuentran dentro del proceso que Hernán Cortés, marqués del Valle, puso en la Real Chancillería de Valladolid contra el licenciado Francisco Núñez, relator del Consejo Real. El pleito, que está incompleto, se conserva en el Archivo de la Real Chancillería de Valladolid, Sección de Pleitos Civiles, escribanía de Zarandona y Balboa, Pleitos Olvidados, Caja 145-2.

La transcripción de los textos va precedida de un encabezamiento en el que se indica la fecha tópica y cronológica de la carta seguida de un sencillo resumen de su contenido. Cuando el año de redacción se haya deducido se consignará entre corchetes. En este mismo lugar se facilita la referencia archivística del documento y sus características formales. Después del texto de las misivas figuran los datos del destinatario. Dicha inscripción va precedida, en el caso de las dos originales (cartas 8 y 20), de la palabra "sobrescrito" entre corchetes.

El 6 de junio de 1545 las misivas de esta recopilación fueron mostradas al marqués del Valle para que las reconociese en el transcurso del pleito que mantuvo en la Real Chancillería de Valladolid con el licenciado Núñez, el que fue su procurador hasta 1544. El escribano Juan Vázquez cumplía así el mandato del alcalde Villagómez y al pie de aquellos textos se incluyó la declaración de Cortés "que no sabe cosa ninguna de lo en ella contenido ni la vio escrebir ni firmar ál en ella contenido". Las cartas le fueron mostradas de nuevo el 26 de junio para que reconociese la firma que aparecía en ellas a lo que respondió "que la dicha firma le parescía e paresce a otras que ha visto hechas del dicho Martín Cortés, su padre". Dado que el texto del reconocimiento es idéntico en todos los casos, tan sólo se ha transcrito en la carta que inicia la recopilación, en la que la cierra, y en la original de Martín Cortés, en la que también figura la firma autógrafa del marqués del Valle.

CARTAS

[1522], octubre, 9. Trujillo

Carta de Martín Cortés al licenciado Francisco Núñez dándole cuenta de la llegada de Juan de Ribera como procurador de Cortés y confiándole diferentes gestiones.

COPIA. ARChV, Pleitos Civiles, Zarandona y Balboa, Olvidados, Caja 145-2, fols. 70r-73v, tamaño folio, letra cortesana. Traslado sacado en Valladolid, el 11 de agosto de 1545, por el escribano Juan Vázquez.

Virtuoso señor:

Con Juan de Ribera[1] escrebí segund habrá visto, el cual envía vuestro primo por su procurador y que estoviese acá dos años, pensando los negocios estaban perdidos, al cual dio asaz dineros y por hombre muy solícito y tal paresce. Yo le dije cómo vos, señor, estábades en mi lugar y asimismo estábades informado de los negocios y sabíades cómo se había de negociar y con quién, que se juntase con vos y que todos trabajásedes en lo que está por hacer. Y vos, señor, trabaja de manera que se las mintéis delante, por que vea cómo sin él se entendará *(sic)* en los negocios, que ni dél ni de otro no hay nescesidad y dél, de lo que vierdes que él puede aprovechar más que vos como testigo de vista, aprovechaos dél de todo lo que vierdes hay necesidad porque para lo demás yo tengo pensado que

---

[1] Cortés le encomendó traer a la península la *Tercera Carta de relación* fechada en Coyoacán el 15 de mayo de 1522. Pedro Mártir de Anglería dio cuenta de su presencia en la Corte en la carta que el 19 de noviembre escribió al arzobispo de Cosenza. De sus palabras se deduce que ha llegado recientemente: "En otra ocasión sabrás lo que transporta. Todavía no ha abierto los cajones que trae, pero para él", al tiempo que aclara, como también lo hace don Martín en esta carta, que el contenido de aquéllos era personal: "al Rey no le trae nada". Los presentes para el soberano se habían cargado en las embarcaciones que permanecían en las Azores. Pedro Mártir de Anglería, *Epistolario*, t. XII, p. 283.

se vuelva más presto de lo que piensa y que queden en vos los temporales, que de que vuestro primo sepa en el estado que está[n] los negocios y cómo vos tenéis cargo de sus negocios, él holgará de daros a vos más de lo que da a ellos porque en el cabo estará más cierto de vos que de otro ninguno. Yo se lo escrebí con Paz, al cual plega a Nuestro Señor llevar en salvamento, y se embarcó el domingo primero después de Pascua. Yo fui a Sevilla y no paresci *(sic)* nunca; vi a Paz y con él escrebí. Alonso de Paz[2] estaba en Sanlúcar y se embarcó en la nao en que había[n] de ir todos y detenía todo lo que llevaba porque se tardaron los que estaban en Sevilla y habíalos de aguardar en las Canarias. Paz[3] y Francisco de las Casas[4] y otros muchos se embarcaron en un bergantín, plega a Nuestro Señor los lleve en paz, quellos llevan buen viaje. Procura por esotro hermano, que para todos hay.[5]

Juan de Ribera lleva algunas cosas de las de aquellas partes, dijo que para que las viese el rey en tanto que venía al servicio, do diz vienen cosas ecelentes[6] y algunas cosas consinadas para esos señores como dél sabréis,[7] y

---

[2] Alonso de Paz era hermano de Rodrigo de Paz y del licenciado Francisco Núñez.

[3] Rodrigo de Paz y Francisco de las Casas llegaron a Nueva España en la primavera de 1523 y, según el testimonio de Cortés, el segundo le llevó la cédula con el despacho de la gobernación. Así lo declaró en la respuesta al memorial que en 1544 presentó el licenciado Núñez enumerando todos los asuntos que atendió en nombre de Cortés. A la afirmación de haberle despachado la gobernación, el marqués respondió: "que negaba e negó el dicho licenciado Núñez despachalle la gobernación de la Nueva España, porque Martín Cortés, padre déste que depone, se la despachó y se la envió con Francisco de las Casas, vecino de la ciudad de Trujillo". AGS, Consejo Real, 588-7. Así lo recogió también Francisco López de Gómara, p. 345.

[4] Si, tal como apunta Gómara, Rodrigo de Paz y Francisco de las Casas leyeron públicamente los despachos reales en Santiago de Baracoa el 23 de mayo de 1523, se plantea el "problema" de encajar las fechas pues el nombramiento de Hernán Cortés como gobernador de la Nueva España es de 15 de octubre, cuando don Martín da por supuesto el embarque de ambos personajes. Tal vez el despacho los alcanzase antes de partir de la península, como parece apuntar Bernal "como todos estos despachos tuvieron nuestros procuradores, luego enviaron con ellos por la posta a un Rodrigo de Paz". Bernal Díaz del Castillo, cap. CLXVIII.

[5] Probablemente se refiere a Pedro de Paz, hermano del licenciado Núñez y de Rodrigo de Paz. Si se trata de él, se trasladó a Nueva España en 1524.

[6] *ecelentes:* excelentes.

[7] Entre los beneficiarios de aquellas piezas ricamente decoradas se encontraban Francisco de los Cobos, Juan de Samano, el doctor Carvajal y los licenciados Zapata, Polanco

de las que nos trajo lleva una cimera[8] de plumaje con unos bollones[9] de oro, muy cosa de ver, y un carniel[10] de oro y un tigir *(sic)* de oro.[11] Esto nos tomó, que dijo que lo quería para que lo viese el rey. No le digáis nada, mas estad sobre aviso que sepáis qué le haz. Él lleva algunas cosas de la ropa de aquella tierra, créese será lo mejor. Si le pudierdes sacar algo para la señora doña Beatriz[12] trabajaldo *(sic)*, que cuanto nos dejó no val nada y la mayor parte vino podrido. Yo rebuscaré algo para la señora vuestra mujer[13] y de Burgueño,[14] que para la señora doña Beatriz no son para dar y también querría que diese al chanciller[15] y Cobos, mosior de Laxavi (?)[16] de

---

y Santiago. En aquella relación también se mencionaba a Juan Rodríguez de Fonseca, obispo de Burgos. *Documentos cortesianos*, vol. I, pp. 242-249.

[8] *cimera*: parte superior del morrión que se solía adornar con plumas y otras cosas. DRAE.

[9] *bollón*: clavo de cabeza grande, comúnmente dorada que sirve para adornar. DRAE.

[10] Así en el original, tal vez se quiso escribir garniel, aludiendo a un cinturón. DRAE.

[11] De los objetos y regalos que integraban el presente confiado por Cortés en 1522 a los procuradores Antonio de Quiñones y Alonso de Ávila conocemos la relación de las piezas de oro y plata, trabajos de arte plumario y prendas que remitía al emperador, a algunos monasterios de la península y a ciertos personajes de la Corte. *Documentos cortesianos*, vol. I, pp. 232-249. Aquellas piezas únicas y que tanto asombraron a don Martín fueron de las pocas que se salvaron de aquel envío pues, a excepción de un cajón, los presentes que permanecían en las Azores acabaron en manos del pirata Florín: trabajos de pluma, rodelas, brazaletes, orejeras y un sinfín de figuras de las más variadas formas: ánades, cangrejos, águilas, caracoles, mariposas, tigres, etc.

[12] Beatriz de Ávila, hija de Pedro Dávila, señor de las Navas, mujer del Consejero de Castilla doctor Lorenzo Galíndez de Carvajal, con el que contrajo matrimonio en Valladolid, ciudad en la que residía la Chancillería de la que fue nombrado oidor el 22 de mayo de 1499. José Martínez Millán, *La Corte de...*, vol. III, p. 146, nota 1072.

[13] La mujer del licenciado Núñez, a la que en diversas ocasiones se refiere don Martín sin mencionar su nombre, se llamaba Isabel Rodríguez.

[14] Desconozco quién es este personaje presente en la correspondencia de Martín Cortés y con el que parece tener una estrecha amistad. Tal vez tenga relación o sea pariente de Hernando Burgueño que pasó a Nueva España con Cortés. Bernard Grunberg, *Dictionnaire...*, pp. 88-89.

[15] Mercurino Arborio di Gattinara. Tomó posesión del oficio de canciller el 10 de octubre de 1518 reemplazando al fallecido Jean le Sauvage y como tal asistió a las Cortes de Zaragoza, Barcelona (1519) y Santiago-La Coruña (1520). José Martínez Millán, *La Corte de...*, vol. III, pp. 167-172.

[16] Probablemente el copista quiso escribir monsieur de La Chaulx, nombre por el que se conocía a Charles de Poupet, mas escribe de oído o se transcribe erróneamente.

la ropa; y querría que diese una carta al chanciller, que dijo que traía para dar sin sobrescrito, miradla primero porque vaya al propósito; trabaja por sacalle todo cuanto tiene en el cuerpo, que hombre es bien vaciadiso;[17] dalde priesa si hay algo de negociar, que se compadesca antes [que] venga el servicio, porque me dijo que no negociaría nada hasta que venga el servicio.[18]

En especial os pido por merced se negocie lo de fray Diego Altamirano,[19] su primo de mi hijo, que es un Obispado, y del dicho Juan de Ribera y Diego de Ordás sabéis do es lo mejor. Esto esté secreto y si se despacha yo enviaré por las bulas. A Cobos —me dijo—, traía mill pesos de unos derechos,[20] sabeldo (sic) porque yo estoy determinado de le dar algo. Unas cosillas tengo para llevar allá, trájelas aquí a Trujillo para las mostrar a Burgueño —para tomar su parescer si sería[n] cosas para osar dar a la señora doña Beatriz—, y vovellas[21] he pues no está aquí, con el cual quisiera mucho hablar y cuando fuer, Dios queriendo, las llevaré. Si fue [en blanco], dallas hemos porque yo tengo mucho deseo de servir a esos señores, marido y mujer,[22] y hobe tanto placer en saber el cargo que le dieron que con cosa no pudiera haber mandado para vos; señor, excu-

---

Fue asesor de don Carlos en los asuntos más graves y del Consejo Privado que evolucionó hacia el Consejo Secreto y desde 1522, bajo los auspicios de Gattinara, al Consejo de Estado. José Martínez Millán, *La Corte de...*, vol. III, p. 352. Al igual que el canciller Gattinara formó parte de la comisión nombrada para entender en las diferencias entre Diego Velázquez y Hernán Cortés.

[17] *vaciadiso:* vaciadizo.

[18] Las otras dos embarcaciones, por temor a los piratas franceses, permanecían en las Azores a la espera de ser auxiliadas desde la península para hacer la travesía con cierta seguridad. La riqueza de los presentes remitidos en aquella ocasión hizo escribir a Anglería, informado por algunos de los que venían en la embarcación que alcanzó las costas peninsulares, que se estimaba su valor en "ochocientos mil ducados". Pedro Mártir de Anglería, *Epistolario*, tomo XII, pp. 282-283 y p. 303.

[19] Franciscano, primo de Cortés, del que Gómara dijo "que era sabio y valiente".

[20] A Cobos se le había concedido el cargo de fundidor y marcador del oro de Yucatán así como de las tierras conquistadas por Diego Velázquez. Su creciente influencia en la Corte se vio recompensada con numerosas mercedes, entre ellas la de fundidor y marcador mayor de las Indias que obtuvo en Gante en 1522. José Martínez Millán, *La Corte de...*, p. 88.

[21] *vovellas:* volverlas.

[22] Alude al matrimonio formado por el doctor Lorenzo Galíndez de Carvajal y Beatriz de Ávila.

sado es deciros más de lo que vos sabéis. Rogad a Dios por vuestro primo, que vos seréis aprovechado como no hayáis menester sino a Dios. Como os he dicho, lo de vuestro oficio querría que trabajásedes de manera que haya efecto.[23]

Vuestro primo me escribe cómo envía a Juan de Ribera por procurador, e si que acá está Ordás[24] y Alonso de Mendoza, que entienda en los negocios por que yo descanse. De todo dad parte al señor Ordás y lo comunica[d] con él, pues sabéis la voluntad que tiene, y no olvidéis sobre todo dar parte al señor don Luis,[25] si ahí estuviere, al cual no escribo porque me dijo había de ir la Pascua a su casa; en viniendo hazmelo saber, que también le envío las cartas de Cortés. Hasta saber si está ahí, a Montejo esperamos cada día, el cual envió a Sevilla por dineros al licenciado y no se los dio, ni menos Portocarrero,[26] el cual me los fue a pedir prestados para envialle, teniéndolos él gastados y teniéndolos su madre y hermanas. Los ducados que nos envió Juan de Ribera en Medina de mis dineros fueron, bien pudiera dárselos Ribera y cobrallos, mas no quiso sino dármelos en cuenta. Aquéllos van perdidos con otros muchos que gastó y me los da en cuenta y todo lo que él hicier habrá mi hijo por bien gastados. El licenciado pagó CCCLXXV de lo mío, que se cobre del rey. Muchas cosas asolutas[27] ha hecho, como sabréis de que

---

[23] Del texto de la carta podríamos deducir la invitación de don Martín para que el licenciado Núñez actúe como representante y procurador de Cortés pero también podría aludir a la pretensión de algún oficio, quizás al de relator del Consejo Real, aunque don Martín no lo trata como tal hasta marzo de 1524.

[24] Diego de Ordás había regresado a la península en marzo de 1521 con Alonso de Mendoza a quien Cortés confió la *Segunda carta de relación* de 30 de octubre de 1520. Por un auto dado en Burgos el 25 de enero de 1522 se ordenó el secuestro del oro, perlas, ropas y efectos que traían Diego de Ordás, Alonso de Ávila y Alonso de Mendoza porque en aquellas tierras recién descubiertas no había oficiales reales para cobrar el quinto y los derechos que correspondían al monarca. AGI, Indiferente,420,L.8, fols. 359r-359v.

[25] Luis Hernández de Alfaro, vecino de Sevilla, mercader.

[26] José Luis Martínez en *Documentos cortesianos*, vol. I, p. 254, nota número 1 apunta: "Para esta fecha [15 de octubre de 1522] Portocarrero ya había muerto", opinión que no comparte Juan Miralles Ostos en *Hernán Cortés...*, p. 372. Por algún motivo Portocarrero, que según Bernal era primo del conde de Medellín, se desligó de los asuntos cortesianos pero es evidente, como se deduce del texto de esta carta, que vivía a finales de 1522.

[27] *asolutas:* absolutas, en el sentido de independiente, excluyéndolo a él de las mismas.

nos veamos. Él lleva CCLXXV mill maravedís de los míos para letrados y porteros y correos, ved si destribuy[e]; como superior haz que los provea a todos, en especial a los que nos han de ayudar, y de manera que queden pagados para adelante. Con él os envié cincuenta ducados, pues él lleva dineros no gastéis vos nada. Haced que pague a Ordás los ducados que dio al correo y los seis de los letrados, pues lleva para todo y vos, por amor de mí, que os pongáis algún ribete de seda que Dios y vuestro primo lo conservarán. Estad recatado con ese,[28] que no le digáis más de lo que hobier necesidad.

Un Benabides[29] me escribió cómo Rojas[30] había puesto demanda y que teníades ordenada una petición y que enviase las escrituras que toviese. Yo no tengo sino la *Primera relación*[31] y ésta Samano la tien si della hobier necesidad, mas aquélla no haz fee ni es más de para alegar cómo no fue verdadera la relación verdadera que se hizo al rey cómo Diego Velásquez había descubierto aquella tierra y por esto le dieron el adelantamiento[32] y esto es lo principal sobre que os habéis de fundar, como en la memoria que os dejó el licenciado veréis. Poned mucha deligencia en los principios, que vaya muy fundado lo que alegardes, porque

---

[28] Se refiere a Juan de Ribera, personaje hacia el que don Martín mostró desde los primeros momentos una clara desconfianza y así se lo transmitió a Núñez en más de una ocasión.

[29] Alonso de Benavides había regresado a la península en 1522 y tuvo ocasión de entrevistarse con Anglería, quien lo trata de hidalgo. Pedro Mártir de Anglería, *Epistolario*, t. XII, pp. 524-525.

[30] Manuel de Rojas tenía poder de Diego Velázquez para solicitar en la Corte gracias y mercedes en reconocimiento de sus servicios. Isla Fernandina, 10 de julio de 1521. AGI, Patronato,18,N.3,R.1. En 1522 Rojas y Juan Velázquez actuaban en la Corte como procuradores de Diego Velázquez con la clara intención de quejarse ante Fonseca de "... que habiéndole él enviado [a Cortés] con su armada se le había alzado con ella...". *Documentos cortesianos*, vol. I, p. 285.

[31] La llamada en cursivas es nuestra. ¿Se refiere a la *Primera carta de relación* que envió Cortés? Creemos que sí. Véase al respecto el epígrafe dedicado a la cuestión en el estudio introductorio.

[32] A Velázquez se le concedió el adelantamiento de las "islas de Yucatán, Cozumel y las demás islas y tierra firme" en Zaragoza el 13 de noviembre de 1518. Cortés conoció la noticia a comienzos de julio de 1519 con la llegada de Francisco de Saucedo "el Pulido". De los primeros días de julio es también la carta del Cabildo de Veracruz al rey y la relación de presentes confiados a los procuradores.

todo lo probaréis muy largamente, questo al rey cumple; y estad con Montejo, que os diga unos testimonios que se sacaron ante el relator en Vitoria si están presentados ante Samano; y en una probanza que trajo Ayllón[33] está probado cómo Rojas dijo a Diego Velásquez que prendiese al licenciado y otras cosas muchas por do meresce ser castigado, y de las probanzas del licenciado creo aprovecharán a los negocios y a él como a testigo; y Ribera —me dicen— lleva la probanza de cómo no descubrió Diego Velásquez la tierra, no quede cosa por alegar.[34] Creo, en la memoria que dejó el licenciado, habréis visto las escrituras y probanzas que ante Samano están presentadas; pedi[d] traslado si fuer menester pues Ribera lleva para todo. Ya sabéis cómo en los principios se hierran o aciertan los pleitos, póngase tal recaudo que no nos quejemos de nosotros. Todo os encargo y encomiendo mucho, que de todos los otros no hago caso, y para con vos no alargo más sino que si de acá para esto hobier necesidad de hacer saber algo se haga mensajero.

Yo pienso ir luego a Sevilla a hacer comprar muchas cosas que Cortés envía a pedir y si fueren venidos los del servicio irme con ellos.[35] Allá también se ha de comprar muchas cosas que no adey[36] *(sic)* Sevilla

---

[33] El licenciado Lucas Vázquez de Ayllón, oidor en Santo Domingo, fue comisionado por la Audiencia para evitar el choque entre los hombres de Cortés y los que desde Cuba enviaba Diego Velázquez con Pánfilo de Narváez. Su labor mediadora, encomendada a principios de 1520, no tuvo éxito. Parece ser que regresó a la península en septiembre de 1521 en el mismo barco que Ordás.

[34] En la probanza que en mayo de 1522 se hizo en México para suplicar las provisiones que llevó Cristóbal de Tapia, alegando su improcedencia contra Cortés, es de gran interés el testimonio del piloto Antón de Alaminos: "... porque este testigo fue por piloto en el navío que fueron a Castilla [Montejo y Portocarrero], e a suplicarle toviese por bien de saber cómo la relación que el dicho Diego Velázquez había fecho a Su Majestad, que él había descubierto, e por su industria e gasto esta tierra, no había seído verdadera ni la había fecho él descubrir ni a su costa", *Documentos cortesianos*, vol. I, p. 223.

[35] De las 12 cajas embarcadas con los valiosos presentes tan sólo se salvó una y la jaula de uno de los tres tigres que enviaba en aquella ocasión. Los objetos remitidos aventajaban en valor y elegancia a los contemplados en Valladolid en 1519 pues procedían "del tesoro del poderoso Rey Moctezuma, del resto de la nobleza de su corte y de los insignes templos de sus dioses". De su belleza y delicadeza dio cuenta Anglería al arzobispo de Cosenza desde Valladolid el 11 de junio de 1523. Pedro Mártir de Anglería, *Epistolario*, t. XII, p. 303.

[36] Tal vez quiso escribir "que no halléis en".

a Villalón se irá a comprar y armas muchas, picas, escopetas, ballestas, almacén, arneses, cosoletes;[37] creo habrá de ir a Vizcaya.

A Juan de Ribera certificaron en Sevilla, el licenciado y subcecazes[38] *(sic)*, cómo cuando él de allá partió dejó hechas las provisiones y que él y Montejo lo hicieron todo, que yo no hice nada, que como era viejo no entendía en nada. Hazle entender la verdad, todavía deja en vuestro poder los traslados de las demandas y de vuestras respuestas y de las sentencias, con Ribera envié la guarnición dellas pida para Samano, querría que supiese cómo vos sabides[39] que la rescebía. La taza envió a pedir Montejo para dársela, está empeñada por todos, yo luego daré mi parte para que se le dé y creo la tiene allá Grimaldo.[40]

No hay más que decir, sino que todo os lo remito y miréis cómo nos descuidéis con nadie, pues es vuestro el cargo propio. No curéis decir que os escrebí porque no digan que no los escrebí a ellos. A la señora beso las manos, que yo me acuerdo della. Nuestro Señor os guarde y haga tan bienaventurado que no hayáis menester a nadie. Mi mujer mill veces se os encomienda.

A lo que, señor, decís de la heredad de huerta bien me paresce lo de las yugadas, mas las aceñas paresce que diz Núñez que no es cosa que cumple y en estar tan lejos no sé qué decir y también creo serán muy caras, mas sabiendo el precio podrá ser tomallas. Escrebidme poco más o menos el precio porque éste es el que lo ha de hacer.

Muy conquistados somos por mi sobrina,[41] casamientos de ochenta mill de yerba y persona principal y otros de muchas más cantidad. No

---

[37] *cosoletes:* coseletes. Coraza ligera, generalmente de cuero, que usaban ciertos soldados de infantería. DRAE. Facilita don Martín en su enumeración armas empleadas por los españoles en estos primeros años, véase Ada Bruhn de Hoffmeyer, "Las armas de los conquistadores...", pp. 244-260.

[38] Tiene sentido si se lee "sus secuaces", aludiendo a sus seguidores. Tal vez se refiera al licenciado Céspedes que inicialmente se ocupó de los asuntos de Cortés.

[39] *sabides:* sabíais.

[40] Probablemente Nicolao Grimaldo, banquero genovés, al que alude don Martín en la carta núm. 10.

[41] Carecemos de referencias para determinar el nombre de la dama. En su testamento, Cortés mencionó a su prima Cecilia Vázquez Altamirano, que sirvió a la marquesa, aunque desconocemos si el comentario de don Martín se refiere a ella. Prima suya fue

osamos disponer della sin lo consultar con su primo porque él lo ha de pagar, que de lo que nosotros tenemos en nuestros días no queremos dar nada por no pedir a nadie. Con mucho quisiera lo que sabéis mas, como os pusistes en sobre comprallo no sé cómo se hiciese, que los pusistes en más de lo que podíamos complir y como sabéis no compramos sino el favor, que de lo demás vos lo sabéis, y tan presto lleva Dios los que tienen favor como a los que no lo tienen y pues nos[42] han dicho más, ni se puso en obra lo de Francisco Gutiérrez, estese hasta que nos veamos; si Dios quisier, Dios sabe cuánto yo lo querría. Hágole, señor, saber que en esta ciudad está muy público este negocio, no sé quién lo derramó. Burgueño me han dicho que ha hecho mucha inquisición sobre mi sobrina, pláceme que lo que sepa, que no debe nada a nadie en linaje ni bondad.

De Trujillo, a nueve de otubre, y deste vuestro tío que como por hijo hará lo que os cumpla. Martín Cortés.

El sobrescrito de la cual dicha carta decía así: Al muy virtuoso señor, el señor mi sobrino, el licenciado Francisco Núñez, en Valladolid, en la posada del señor dotor Carvajal.

En Valladolid, a seis días del mes de junio, año de mill e quinientos e cuarenta e cinco años, yo Juan Vásquez, escribano de provincia, por mandado del señor alcalde Villagómez, habiendo tomado juramento en forma segund derecho de don Hernando Cortés, marqués del Valle, le mostré esta dicha carta mesiva para que la reconosciese, el cual, habiéndola visto, dijo que no sabe cosa ninguna de lo en ella contenido ni la vio escrebir ni firmar al en ella contenido e firmolo de su nombre. El marqués del Valle.

En Valladolid, a veinte e seis días del mes de junio de mill e quinientos e cuarenta e cinco años, yo, el dicho Juan Vásquez, escribano susodicho, por mandado del dicho señor alcalde Villagómez notefiqué al dicho mar-

---

también Juana Altamirano y Pizarro que contrajo matrimonio con el licenciado Juan Altamirano, que administrará los bienes de Cortés. A él se refiere don Martín en la carta número 18.

[42] *nos:* no os.

qués del Valle que jure e declare clara e abiertamente si la firma desta dicha carta mesiva es de Martín Cortés, su padre, el cual dijo que estaba presto de hacer e cumplir lo que por el dicho señor alcalde les mandado el cual, habiendo jurado e visto la dicha carta e firma della, dijo que la dicha firma le parescía e paresce a otras que ha visto hechas del dicho Martín Cortés, su padre, e que no puede hacer otra declaración. Testigos Andrés de Tapia[43] e Juan de Villanueva,[44] estantes en esta Corte, e firmolo de su nombre. El marqués del Valle.

---

[43] Su presencia al lado del marqués prueba que fue uno de sus compañeros "fieles". En este sentido Juan Miralles llamó la atención sobre el hecho de que, coincidiendo ambos la mayor parte del tiempo durante el segundo viaje de Cortés a España, en ningún documento se mencionase que anduviesen juntos. Juan Miralles Ostos, *Hernán Cortés...*, p. 572. Su actuación como testigo en el reconocimiento de todas estas cartas es un testimonio de aquella amistad y nos brinda una prueba documental en la que aparecen los dos. Andrés de Tapia, al que calificó Bernal de "buen capitán y esforzado soldado" y describió como de "rostro algo ceniciento y no muy alegre, y de buen cuerpo, y de poca barba rala", destacó la figura de Cortés en la *Relación* que escribió en 1539 sobre los acontecimientos vividos con el extremeño.

[44] Juan de Villanueva atendió numerosos asuntos de Cortés. Entre ellos se ocupó de presentar en el Consejo de Indias la petición para que pudiese continuar la conquista sin la intromisión de Nuño de Guzmán.

[DOCUMENTO 2]

[1523], marzo, 2. Sevilla.

Carta de Martín Cortés al licenciado Francisco Núñez dándole cuenta de lo escrito a Juan de Ribera y de los recelos que tiene de sus gestiones.
COPIA. ARChV, Pleitos Civiles, Zarandona y Balboa, Olvidados, Caja 145-2, fols. 68v-69v, tamaño folio, letra cortesana. Traslado sacado en Valladolid, el 11 de agosto de 1545, por el escribano Juan Vázquez.

Virtuoso señor:

Cuando vino el señor Hordás os tenía escripto. Como veréis, en ésta no hay más que haceros saber más de cómo escribo a Juan de Ribera[45] que de docientas *(sic)* y setenta y tantos mill maravedís que lleva[46] para porteros y correos que, pues no son menester y es venida una flota de Flandes, como habéis sabido, y estará todo o lo más en la feria de Villalón, que vaya allá a comprar algunas cosas que acá no se hallarán, en especial tapacería *(sic)* y holandas y otros lienzos presillos, ruanes y colchas, alhombras;[47] y asimismo le escribo dé cuarenta y siete ducados a vos y al licenciado que va allá para que se quite la taza, de la cual debo yo veinte y cinco ducados; y de la obligación[48] que hecimos Portocarrero

---

[45] Ribera había iniciado las gestiones en nombre de Cortés y pronto obtuvo resultados favorables pues en abril de 1523 se ordenó a Francisco de Garay no entrometerse en la gobernación de Hernán Cortés. En aquel texto queda recogida su actuación: "Joan de Ribera, en nombre de Hernando Cortés, nuestro gobernador e capitán general de la Nueva España e sus provincias, nos fizo relación...". *Documentos cortesianos*, vol. I, p. 262.

[46] Referencia a aquella cantidad hizo don Martín en la carta escrita en Trujillo el 9 de octubre [1522]: "Él lleva CCLXXV mil maravedís de los míos para letrados y correos...". Véase doc. 1.

[47] *alhombras*: alfombras.

[48] *obligación*: "vínculo que sujeta a hacer o a abstenerse de hacer algo, establecido por precepto de ley, por voluntario otorgamiento o por derivación recta de ciertos actos", aunque también podría dársele el sentido de "título, comúnmente amortizable, al

y Montejo y yo debo veinte y dos, de manera que son por todos cuarenta y siete ducados. Habéis, señor, esto en especial de trabajar cómo se cumpla porque Montejo me ha escrito sobre la taza, yo querría mucho se le diese que la guarnición Juan de Ribera la llevó. Habéis gelo[49] de decir como a hombre que creis,[50] que no ha venido acá otro tal ni con tanta voluntad, y también encaminalle lo de Villalón diciéndole como, y a Dios loado, no hay necesidad de porteros ni de correos ni de letrados tampoco, que es una burla decir que para correos y porteros era menester tanta suma de dineros. Esto se ha de negociar cómo no se resabie y trabaja honestamente por le hacer conoscer que, do vos estáis, dél ni de otro no hay nescesidad lo cual, placiendo a Dios, de que yo vaya se dará el corte conforme al tiempo y os diré cuan asoluto ha sido y lo que trajo, pues que sabe más que todos ya lo habrés conoscido, necesidad tiene de freno. Todavía digo que en lo que fuere nescesario le hagáis entender que, así en sabello negociar como por favor, él ni los que venieren no os echarán pie delante que, si place a Dios, vuestro oficio nos será tan provechoso,[51] del cual holgué mucho y más por ver libre a la señora vuestra mujer.

En Trujillo dejé escritas unas cartas para allá, que las guiase el señor Burgueño y en ellas escrebí largo y, pues no hacéis memoria dellas, no las deben haber llevado porque él me escribe y no diz nada dellas; creo que se fue desde Cáceres pues no las llevó ni envió. No escribo al señor Burgueño porque dijo que estaba de camino para Trujillo; si ahí está, dígale que le beso las manos y de la señora su mujer. No hay más al presente que decir sino que a la señora beso las manos, a la cual y a vos Nuestro Señor guarde y haga tan bienaventurados como desean y yo deseo.

---

portador y con interés fijo, que representa una suma prestada o exigible por otro concepto a la persona o entidad que lo emitió". Si está relacionado con un préstamo recibido, tal vez la acepción que más encaja es la de "documento notarial o privado en que se reconoce una deuda o se promete su pago u otra prestación o entrega". DRAE.

[49] *habéis gelo:* habéis selo. Se lo habéis.

[50] *creis:* creéis.

[51] Tal vez se refiera al de relator del Consejo Real, aunque como tal lo trata por primera vez, en el conjunto epistolar de esta edición, en la carta de 8 de marzo de 1524. Véase doc. 7.

De Sevilla, a dos de marzo y déste que como por hijo hará lo que os cumple. Martín Cortés.

El sobrescrito de la cual dicha carta decía así: Al muy virtuoso señor, mi sobrino, el licenciado Francisco Núñez, en Valladolid.

[1523], agosto, 12. Medellín.

*Carta de Martín Cortés al licenciado Francisco Núñez agradecién-
dole las gestiones realizadas y pidiéndole que colabore con Juan de
Ribera en la atención de los asuntos de Cortés.*
COPIA. ARChV, Pleitos Civiles, Zarandona y Balboa, Olvidados,
Caja 145-2, fols. 91r-v, tamaño folio, letra cortesana. Traslado saca-
do en Valladolid, el 11 de agosto de 1545, por el escribano Juan
Vázquez.

Muy virtuoso señor:

Rescebí su carta y lo que en ella se contiene cerca del repartimiento que
hizo;[52] está muy bien y se lo tengo en merced. El señor Diego de Hordás
me escribió la buena voluntad de Juan de Ribera. En esto quiero tomar
vuestro consejo. Ya, señor, sabéis cómo os pedí por merced que trabajásedes con Juan de Ribera cómo lo que se hobiese de negociar de mi hijo le
pusiésedes muchas espuelas, pues sabéis que a la clara lo dilata, y el señor Diego de Hordás me escribió cómo el señor licenciado Ayllón le había dado su parescer cerca de los capítulos que había de dar en nombre
de mi hijo. Pidos, señor, por merced, que no os descuides sino que pongáis mucha diligencia en dalle priesa a Juan de Ribera y os juntéis con el
señor licenciado Ayllón, el señor Diego de Ordás y juntamente se lo digáis; y en todo tened la mejor manera que viéredes que cumple a la negociación, de manera que no haya dilación siendo posible; y todo, señor,
os lo remito porque sé que no os faltará voluntad, pues que os va vuestra parte, señor, por me hacer merced, deis la guarnición al señor Diego

---

[52] Desde Sevilla le había indicado el 2 de marzo que estuviese pendiente del reparto
de cierta cantidad entre aquellas personas que en la Corte podían apoyar sus gestiones
y defender sus intereses. Véase doc. 2. Es presumible que en la misiva de Núñez figura-
sen los nombres de aquellos apoyos.

de Hordás y no se haga otra cosa porque cumple así. Ansimismo entended con mucha diligencia en lo de la taza de Grimaldo y de lo de la obligación, pues sabéis que tengo pagado, pues Juan de Ribera tiene mucha parte en Grimaldo para que encaminara todo lo que cumpliere y en esto no se dé ninguna dilación por que se despacho[53] *(sic)* antes que Montejo se parta.

Al señor Burgueño y a la señora su mujer beso las manos y le pido por merced me perdone, porque no le escribo por mi mala dispusición, y a la señora vuestra mujer beso las manos la cual plega Nuestro Señor alumbrar como, señor, deseáis. De Medellín, XII días de agosto. Mi mujer está todavía en la cama y yo la acompaño. Deste vuestro tío que como por hijo hará lo que, señor, mandardes. Martín Cortés.

El sobrescrito de la cual dicha carta decía así: Al muy virtuoso señor, el señor mi sobrino, el licenciado Francisco Núñez, en la Corte, en la posada del señor dotor Carvajal.

---

[53] Se entiende mejor si se lee "se despache".

1523, octubre, 20. Medellín.

Carta de Martín Cortés al licenciado Francisco Núñez dándole cuenta de su preocupación por las pretensiones de Garay, interesándose por lo que negocia Diego de Ordás y recordándole que vigile los asuntos que atiende Juan de Ribera.
COPIA. ARChV. Pleitos Civiles. Zarandona y Balboa. Olvidados. Caja 145-2, fols. 64r-66r, tamaño folio, letra cortesana. Traslado sacado en Valladolid, el 11 de agosto de 1545, por el escribano Juan Vázquez.

Muy virtuoso señor:

Tres cartas suyas he recibido a las cuales respondí largo con Tomás López, el cual me prometió de la llevar a Valladolid, no sé si ha llegado allá. Escrebistes que había parido vuestra mujer un hijo al cual llama Juan Cortés,[54] plega a Nuestro Señor dél y de la madre vea el gozo que desea. Yo y mi mujer hemos estado todo este verano muy malos[55] ya, gracias a Dios, estamos mejores y con todo no he osado ir a Sevilla, aunque ha sido bien necesaria *(sic)*; porque el rey mandó dar cuatro mill ducados a Portocarrero y a Montejo y a mí, los cuales se había[n] de repartir sueldo a la libra[56]

---

[54] Al embarazo de la mujer de Núñez, Isabel Rodríguez, hizo don Martín referencia en la carta que escribió desde Medellín el 12 de agosto [1523]: "... a la señora vuestra mujer beso las manos la cual plega Nuestro Señor alumbrar como, señor, deseáis". En 1546, en el documento por el que a la viuda del licenciado Núñez se le concede la curaduría de los hijos habidos en el matrimonio, no figura el nombre de Juan Cortés sino el de Hernán Cortés, que por aquellas fechas se encontraba en Nueva España. Hijos legítimos del matrimonio fueron, además del mencionado, Lucía de Paz, Beatriz de los Santos, Antonio de Paz, Diego, Francisco, Isabel y María.

[55] Aquellos achaques ya habían sido mencionados en la carta de 12 de agosto: "Al señor Burgueño ... no le escribo por mi mala disposición ... Mi mujer está todavía en la cama y yo la acompaño". Véase doc. 3.

[56] *"sueldo a libra o sueldo por libra"*: derecho sobre un capital determinado, en proporción de 1 a 20. DRAE.

y Montejo provió *(sic)* a Samano que los procuradores estaban muy gastados y debía mucho, que no se podía partir si no les pagaba todos tres mill ducados y, como yo no tengo deudos en la Corte, proviéronle[57] que se los diesen, los cuales tiene recebidos y todos los aplica a sí, que a Portocarrero[58] diz que no sirvió, que él lo ha trabajado y gastado, de manera que no me da a mí sino mill ducados y aun éstos no lo sé cierto y de justicia y razón no les había de dar nada y era de los concejos.[59]

Asimismo me han dicho cómo uno que se llama Íñiguez,[60] que lleva una provisión para Francisco de Garay, no embargante la que sacó Juan de Ribera[61] y hanme dicho que ha enviado Francisco de Garay ocho naos darmada[62] [a] aquellas partes, plega a Dios no haya acaescido algo allá, que harto temor tengo porque aquella provincia que procura Francisco de Garay ha dado la obadiencia *(sic)* a Cortés en nombre del rey y no sería mucho se pongan en defendello si hobiese alguno en la Corte que tuviese cuidado de las cosas de mi hijo —yo estoy descuidado con vos— y no me paresce que sabéis nada desta cuenta ni de lo que se hace. No sería razón que do vos estáis se negociase nada que no lo supiésedes y lo embarazásedes y os mostrásedes parte, que creo que no lo habéis

---

[57] *proviéronle*: le proveyeron.

[58] La actuación de Portocarrero no deja rastros, tal vez por su alejamiento de los asuntos cortesianos y, aunque algunos autores, siguiendo el testimonio de Bernal Díaz del Castillo, apuntan como posible causa su fallecimiento en la cárcel en la que habría sido recluido por orden de Fonseca, no parece deducirse ese final del texto de esta carta. Lo que deja claro el padre de Cortés es la opinión que su actuación merecía a Montejo.

[59] Don Martín alude al papel de Montejo y Portocarrero como procuradores de la Veracruz, regimiento que les había dado instrucciones concretas, probablemente inspiradas en la redacción por el propio Cortés, de lo que harían en la península. *Documentos cortesianos*, vol. I, pp. 77-85.

[60] Bernardino Íñiguez. Diego Velázquez le confió una carta escrita el 6 de septiembre de 1519 muy probablemente dirigida a Juan Rodríguez de Fonseca. *Documentos cortesianos*, vol. I, pp. 91-94.

[61] Las gestiones de Ribera en la Corte para anular las pretensiones de Garay se vieron premiadas por la real cédula de 24 de abril de 1523 por la que se le ordenó no entrometerse en la gobernación de Cortés. *Documentos cortesianos*, vol. I, pp. 262-263.

[62] Garay salió de Jamaica en junio de 1523 "para el puerto de Xagua, en la isla de Cuba, desde donde se dirigió con once navíos y dos bergantines a Pánuco". Bernal Díaz del Castillo, cap. CLXII.

hecho porque no podéis servir a dos señores[63] y si os paresce que es menester se encargue otro de los negocios de mi hijo yo lo enviaré, que hartos me han importunado. Escrebidme sobre esto, que ya veis que no es negocio de no tener mucho recaudo, y mi hijo ternía mucha razón de se quejar de mí, que todos los que acá vienen negocian como veis.

Escrebístesme que Hordas estaba en Burgos y no lo que negociaba, ni él me escribió, que fuera mucha razón que lo uno y lo otro se hiciera, y no nos debemos de nos quejar que los extraños no hagan lo que deben. Allá os escrebí cómo un fray Pedro Melgarejo,[64] de la Orden de San Francisco, vino de la Nueva España con Juan de Ribera y que se quedó en Santo Domingo, el cual vino en estas naos que vinieron de las Azores, escribióme que iba a la Corte a negociar cosas del gobernador y suyas, que estoviésedes sobre aviso qué era lo que negociaba. También os dije en Medina que trabajásedes por haber el traslado de las cosas que Juan de Ribera traía a cargo o vellas[65] para que le quedara algo en la memoria por que no aguardásemos a el que "no se hizo nada". Nos debéis descuidar y escrebidme qué es lo de Garay y si os paresciere debéis de dar petición en contrario de lo que lleva Íñiguez. Si es verdad debéislo hacer que es mucho inconveniente que anden allá en diferencias, que serían muy dañosas. Todo os remito, que tengáis mucho cuidado de todo, de manera que no se haga nada que no lo sepáis. Trabaja mucho por ganar la voluntad a Samano, que es mucha parte como sabéis. Diego de Hordás, si está ahí, que le pido por merced me escriba y que se dé mu-

---

[63] Probablemente el otro señor al que se refiere es el doctor Lorenzo Galíndez de Carvajal bajo cuya protección se encuentra en estas fechas como deja claro don Martín en los sobrescritos de sus cartas "en la posada del señor doctor Carvajal". Sabemos que Núñez ya estaba al servicio del consejero de Castilla en 1519, año en el que lo acompañó a Barcelona.

[64] Fray Pedro Melgarejo de Urrea, franciscano, se hizo rico en pocos meses distribuyendo entre los conquistadores bulas con las que, según Bernal "nos componían si algo éramos en cargo en las guerras en las que andábamos", Bernal Díaz del Castillo, cap. CXLIII. Gómara se refiere a él como comisario de la Cruzada. Francisco López de Gómara, p. 322. El 12 de noviembre de 1523 Juan Rodríguez de Fonseca escribió al rey para que despachase una cédula para el general de la Orden de San Francisco sobre ciertas informaciones que tenían de que fray Pedro Melgarejo había traído oro sin registrar. AGI, Patronato,10,N.1,R.14.

[65] *vellas*: verlas.

cha priesa, que su nao ya está en el río y Montejo compró una carabela y presto se irá, que está rico. Alonso Dávila[66] me ha dicho estará ya en la Corte, escrebídmelo y decidle cómo todos los dineros tomó Montejo y todo lo que más dél supierdes de los negocios a Trujillo envíen las cartas a casa de Juan de la Zarza, o a Sevilla a Luis Hernández Dalfaro, que él me las enviará, pues cada día van correos de Sevilla.

En una carta me escrebistes que os parescía sería bien que procurásedes de comprar algún juro del rey por cobrar lo que me deben y que os envíase poder para ello. Comenza[d] luego a entender en ello, que esto ya había de estar hecho cuando el rey vendía los juros, que de razón el rey y los del Consejo habían de habello[67] por bueno bueno *(sic)* pues lo tiene pagado. Lo que habéis de procurar por que lo haga con mejor voluntad, que os vendan cien mill de juro en las alcabalas de las yerbas de Trujillo para siempre, al precio que ha vendido otros, y que reciban en cuenta lo que me debe el rey y yo pagaré el resto; y esto procura luego con mucha diligencia, que es cosa que cumple mucho, y si tovierdes necesidad de dar parte al señor Sancho de Paz de mi parte le pido por merced os dé aviso de cómo lo habéis de hacer, que yo os enviaré poder para ello si vierdes que se podrá hacer; y en esto poned toda la deligencia posible y escrebidme luego sobre ello y al presente no hay más que haceros saber sino que a la señora y hijos guarde Nuestro Señor y dellos vean el gozo que que *(sic)* desea. Quejo estoy de mis sobrinos,[68] que no me escribieron, mas todos estaban en Santo Domingo buenos. Nuestro Señor todo lo que, señor, deseáis, cumpla.

De Medellín, veinte de otubre de quinientos e veinte e tres años. Deste vuestro tío que como por hijo hará lo que mandardes. Martín Cortés.

El sobrescrito de la cual dicha carta decía así: Al muy virtuoso señor, el señor mi sobrino, el licenciado Francisco Núñez, en Burgos, en la posada del señor dotor Carvajal.

---

[66] Si se refiere al Alonso de Ávila capturado por el pirata Juan Florín, su cautiverio no duró mucho pues de la pérdida de aquella embarcación dio referencias Anglería en una carta de 11 de junio de 1523. Pedro Mártir de Anglería, *Epistolario*, t. XII, p. 303.

[67] *habello*: haberlo.

[68] Rodrigo y Alonso de Paz, hermanos del licenciado Núñez.

[1523], diciembre, 19. Medellín.

Carta de Martín Cortés al licenciado Francisco Núñez dándole cuenta de diversos asuntos, entre ellos de la llegada a Nueva España de Francisco de las Casas y de la muerte de la mujer de Cortés.
COPIA. ARChV, Pleitos Civiles, Zarandona y Balboa, Olvidados, Caja 145-2, fols. 62r-64r, tamaño folio, letra cortesana. Traslado sacado en Valladolid, el 11 de agosto de 1545, por el escribano Juan Vázquez.

Muy virtuoso señor:

Por la vía de Salamanca os escrebí largo, la cual creo habréis ya visto, y mucha merced rescibiré me respondáis lo que podéis y pensáis hacer de lo que os escrebí, por que yo provea en el remedio. Habrá diez días que me dieron una carta de mi hijo, la fecha de la cual fue primero de abril,[69] y en ella decía cómo allá tenía el traslado de las provisiones y que esperaba los originales y que hasta que fuesen no escrebía largo porque desque llegadas lo haría, e hannos dicho que un hidalgo desta villa que se dice Francisco de Sagredo quedaba en Cuba de camino para acá y un cuñado suyo, con los cuales creemos escribe largo.

Señor, en su carta me escribe que allá le fue certificado que algunos pedían o querrían pedir allidías[70] en aquellas partes y que si aquello se

---

[69] Probablemente Cortés empuñó la pluma nada más llegar a México sus parientes Rodrigo de Paz y Francisco de las Casas, portador este último del título de la gobernación. En la carta de 20 de octubre de 1523 don Martín informaba a Núñez cómo sus sobrinos habían llegado a Santo Domingo aunque, para disgusto suyo, no le habían escrito comunicándole la noticia. Véase doc. 4.

[70] Así en el original por "alcaidías". Los pretendientes aspirarían a una plaza de alcaide, que hasta finales de la Edad Media designaba al encargado de la guarda y defensa de algún castillo o fortaleza. Entre los beneficiarios estaban Francisco de Montejo y Diego de Ordás por lo que el licenciado Núñez, defendiendo los intereses de Cortés, apeló la concesión y en septiembre de 1524 obtuvo una Real Provisión para los gober-

hiciese era mucha ocasión e causa de no se poder ejecutar la justicia y ansimismo dañoso a la pacificación y sosiego de la tierra porque los alcaides querrán mandar en los pueblos donde tuvieren las tales tenencias, que sería mucha ocasión de lo dicho, cuanto más las que agora hay las ha él hecho a su costa e hacérsele ya grande agravio e sinjusticia proveer alcaides dellas. Escribe que en todas maneras se suplique de las dadas e en las por venir se provea que no se den y porque esto no hay quien lo haga con la voluntad que vos, porque les va su parte como vos sabéis, cumple que en todo caso vos supliquéis dellas acompañando estas razones e todas las más que a vos os parescan necesarias al caso y en esto poned mucho recaudo e diligencia porque es cosa de mucha importancia y que mi hijo lo sentiría mucho e se le haría mucho agravio e sinjusticia y Su Majestad no sería dello servido. Yo escribo a Juan de Ribera sobre el caso y hanme dicho que él es uno de lo[s] que lo procura, razón es de tener sospecha que no lo estorbará. Por tanto, en ninguna manera lo dejéis de hacer porque me parece que es muy mejor que se suplique acá que no que vaya allá alguna provisión para que allá se haya de hacer lo que acá se hace mejor e que mi hijo piense que acá no hay quien entiende en sus cosas y, porque esto me escribió encargándomelo mucho, os pido por merced que en ninguna manera lo dejéis de hacer porque aunque el rey haya proveído alguna destas será a pedimiento e suplicación de los que de allá vienen y piensa que mi hijo ha placer dello pues son sus procuradores y abren puerta para otros y sed cierto que si la Corte estoviera en Valladolid sólo a esto fuera porque es caso que cumple mucho a mi hijo; no os descuidéis, si no él y yo quedaremos quejosos de vos y ternemos mucha razón porque si nuestros deudos olvidan nuestros negocios, que es razón que los tengan por suyos propios, no es razón que nos quejemos de los extraños y si ésta no os hallare en Burgos, do quiera que della supierdes, luego sin dilación

---

nadores y alcaldes mayores de las Indias por la que, hasta resolverse en el Consejo el pleito pendiente entre el gobernador de Nueva España y Montejo y Ordás sobre ciertas tenencias, no se consienta que se haga novedad alguna. El contexto en el que utiliza don Martín el término no ofrece confusión alguna con "alcaldías" pues en el reverso de la citada Real Provisión aparece la anotación "El licenciado Núñez en nombre de Hernando Cortés sobre las fortalezas de Montejo y Ordás. Año de XXIIII". ARChV. Pleitos Civiles, Zarandona y Balboa, Olvidados, Caja 145-2, fol. 174.

os parti *(sic)* para Burgos o para donde viéredes que conviene el remedio desto, así para lo proveer como para saber lo que allá se hace y procura para que luego con este mensajero me lo escribáis para que se provea como más cumpla a servicio de Su Majestad e pro de mi hijo; y todo, señor, se lo remito como a persona que le va su parte. Asimismo escribo a Ordás, no sé si le tomará la carta ahí, si por caso no estoviere ahí abrildla *(sic)* y velda *(sic)* y trabajad de enviársela donde quiera que estoviere, la cual mando que se dé a la señora vuestra mujer si ahí, señor, no estovierdes con ésta vuestra.

El señor conde de Benavente[71] tiene en este condado ciertas tierras de pan levar[72] y un su mayordomo del Arroyo del Puerto las vino a vender y por no traer poder no dio conclusión en ello hasta hacerlo saber a su señoría. Tengo dellas mucha gana e necesidad por ser renta de pan y en mi casa hay alguno que ha hablado en ellas. Escribo al señor dotor Carvajal que, por me hacer merced, suplique al señor conde mande que por tanto cuanto otro diere se me den a mí y ansimismo escribo a la señora doña Beatriz,[73] que me dice que está en Logroño, suplicándole escriba al señor dotor encargándole el caso y ansimismo al señor Diego de Carvajal[74] e al señor Burgueño para que lo acuerden e soliciten. Por me hacer merced, que vos escribáis a quien allá penséis lo hará mejor, encargándoselo mucho que al señor dotor lo acuerde, de manera que el mensajero no se detenga porque va [a] días y si Burgueño está en Logroño no dejéis descrebirle que no reciba mucha pena en llegar a Pamplona a lo solicitar porque el camino le será muy bien pagado y de manera encamina a este mensajero que sepa donde hallará a los que escribo conforme a el memorial que lleva y si más entera relación allá hobiere menester para que él venga bien despachado vos, señor, lo provee[d] e le decid lo que ha de hacer y esto os encargo mucho porque, demás de tener dellas necesidad, por haber hablado en ellas no querría que otro las llevase porque lo tengo por punto de honra.

---

[71] Alonso Pimentel.

[72] Así en el original. Se refiere a tierras de "pan llevar", las destinadas a la siembra de cereales o adecuadas para este cultivo.

[73] Doña Beatriz de Ávila, mujer de Galíndez de Carvajal.

[74] Diego de Carvajal, hijo del doctor Lorenzo Galíndez de Carvajal y de Beatriz de Ávila.

De la Nueva España no tengo otra nueva, salvo que dicen que su mujer de mi hijo es fallescida,[75] y no lo tengo por carta, y que Francisco de las Casas[76] y los que con él fueron llegaron buenos.

A la señora su mujer beso las manos, a la cual y a los hijos Nuestro Señor guarde y deje ver el gozo que dellos, señor, desea. Nuestro Señor su muy virtuosa persona guarde e prospere como vos, señor, deseáis. De Medellín, XIX de diciembre. El que como a hijo os ama. Martín Cortés.

El sobrescrito de la cual dicha carta decía así: Al muy virtuoso señor, el señor licenciado Francisco Núñez, mi sobrino, en Burgos, en la posada del señor dotor Carvajal o do estoviere.

---

[75] Catalina Suárez, esposa de Cortés, falleció en Coyoacán el 1º de noviembre de 1522.

[76] Según el testimonio de Cortés, su padre le confió el despacho de la gobernación, aunque en 1544 el licenciado Núñez se atribuyó el éxito de aquellas gestiones. Al viaje de Francisco de las Casas, pero sin aludir a que fuese portador del documento, alude don Martín en la carta de 9 de noviembre. Véase doc. 1.

1524, enero, 8. Medellín.

Carta de Martín Cortés al licenciado Francisco Núñez advirtiéndole que le enviará un poder para cobrar cierta cantidad retenida en la Casa de la Contratación y recordándole que vigile las peticiones de Garay.
COPIA. ARChV, Pleitos Civiles, Zarandona y Balboa, Olvidados, Caja 145-2, fols. 89v-90v, tamaño folio, letra cortesana. Traslado sacado en Valladolid, el 11 de agosto de 1545, por el escribano Juan Vázquez.

Muy virtuoso señor:

Por la brevedad de la partida del portador no hobo lugar de escrebir más largo. Ésta no es más de para os hacer saber cómo habrá siete días que recebí unas cartas vuestras y de Juan de Ribera que con procurador de Olarte me enviastes y, porque estoy esperando de hoy a mañana del mensajero que allá os envié para responder sobre todo, al presente no hay más que decir sino que digáis a Juan de Ribera que mi parescer es excusado negociar con el obispo[77] cosas que cumplan a mi hijo, en especial que no las puede proveer sin Su Majestad y que para éstas había necesidad de se ir a negociar con Su Majestad[78] y ansimismo os pido por merced que vos id, y él y vos estéis mucho sobre el aviso cerca de lo de Garay, porque me certifica mucho que pasó allá con mucha gente y esto sería en mucho deservicio de Dios e de Su Majestad.[79] Y, pues que sobre esto se proveyó como sabéis[80]

---

[77] Juan Rodríguez de Fonseca, obispo de Burgos, por aquellas fechas bastante separado de los asuntos indianos.

[78] El emperador se encontraba en Vitoria y no llegará a Burgos, ciudad a la que envía la carta don Martín, hasta el 10 de marzo. Manuel de Foronda y Aguilera, *Estancias y viajes...*, pp. 231-233.

[79] Francisco de Garay había desembarcado en el río de las Palmas el 25 de julio de 1523.

[80] Se está refiriendo a la real cédula dada en Valladolid el 24 de abril de 1523 por la que se prohibió a Garay inmiscuirse en los asuntos de Cortés.

—no sé qué fuese la causa por que se proveiese después otra cosa en contrario— debéis, señor, trabajar con mucha deligencia cómo sepáis vos y Juan de Ribera de la manera que pasa y se remedie todo lo posible y que para esto principalmente, que es cosa que miporta[81] *(sic)*, debe estar a mí Juan de Ribera para entender en ello ansí en lo pasado como para lo por venir; y vos, señor, nos descuidéis, que va mucho en ello, y por me hacer merced trabajéis por haber traslado de todo lo que trae Juan de Ribera para pedir y procurar para vuestro primo porque si por caso él toviere necesidad de ir [a] alguna parte lo hagáis vos.

La suma de los dineros que están en la Casa de la Contratación nunca he podido alcanzar a saber más de cuanto sé, que eran cuatro mill e quinientos e tantos pesos,[82] y no sé a cómo se vendieron. Desta causa no sé el número dellos, paréceme que debéis, si hobiere dispusición, procurar nos los den en seguro en las alcabalas de las yerbas de Trujillo para lo cual yo os enviaré poder especial y en esto poned mucha diligencia porque de otra manera no se podrá cobrar tan aína.

A la señora vuestra mujer beso las manos de la cual y de los hijos Nuestro Señor le deje ver el gozo que desea. De Medellín a VIII días de enero de DXXIIII años.

Diréis a Juan de Ribera que mi carta va más breve que la que a él envió mi hijo y que todo era una sustancia y que allá [he] enviado el traslado, el cual no debe ser llegado, pues no ha respondido a él. Deste vuestro tío que como por hijo hará lo que mandardes. Martín Cortés.

El sobrescrito de la cual dicha carta decía así: Al muy virtuoso señor, el señor mi sobrino, el licenciado Francisco Núñez, en la posada del señor dotor Carvajal, en Burgos.

---

[81] Se entiende mejor si se lee "me importa".

[82] Para el cobro de aquellos "cuatro mil y quinientos e cincuenta e nueve pesos de oro" don Martín otorgó poder a favor del licenciado Núñez el 20 de enero de 1524 ante Francisco de Torres, escribano de Medellín. ARChV, Pleitos Civiles, Zarandona y Balboa, Olvidados, Caja 145-2, fol. 223r-v.

1524, marzo, 8. Medellín

Carta de Martín Cortés al licenciado Francisco Núñez reiterándole su confianza para la atención de los asuntos de su hijo y encargándole la vigilancia de los capítulos que en nombre de Cortés negociaba Juan de Ribera.

COPIA. ARChV, Pleitos Civiles, Zarandona y Balboa, Olvidados, Caja 145-2, fols. 83r-85r, tamaño folio, letra cortesana. Traslado sacado en Valladolid, el 11 de agosto de 1545, por el escribano Juan Vázquez.

Muy noble señor:

Por la vía de Sevilla le envié todo despacho para lo del juro como cuando ésta llegue habrá visto y aun de razón ha destar despachado pues con todos se haz y, sin estar despachado, que sin dilación se despache por que no se pierda más de lo perdido. Asimismo, por la vía de Trujillo, le envié la citatoria con el testimonio en las espaldas; no sé lo que sobrello habéis hecho, como quier que Juan de Ribera diz, como por su carta veréis, que fue pan y vino, unos lo encarecen otros lo anichilan, no lo entiendo como quier que a mí bien me paresce. Estas cartas de Ribera van por la vía de Trujillo y con ellas los capítulos que Ribera envió acá, yos[83] escribo largo y os encargo mucho que en ningunas maneras hagáis otra cosa, sino que en todo caso vais a Vitoria, lo cual me pesaría mucho si cuando ésta llegue está por hacer, porque hay extrema nescesidad par[a] disponer a Ribera, que os halléis allá para que se las matéis delante y lo vea el flaire[84] porque, conforme con lo que yo tengo escripto a mi hijo que es que do vos estáis no hay necesidad denviar de allá otro y que más val que haga en vos que en los extraños y, porque no se podrá

---

[83] *yos*: yo os.
[84] Fray Pedro Melgarejo de Urrea, de la Orden de San Francisco.

tan aína tal dispusición hallar, no debéis hacer otra cosa porque en el alma me pesaría y en los capítulos que son propios para mi hijo se debe procurar, que los que cumplen al rey ellos ternán cuidado dellos. No vi en los capítulos que demanda[85] ditado nin menos las arma[s], ni hábito, lo que yo principalmente deseo. Debéis en esto mucho entender cuanto más a Su Majestad no vaya nada y haya tanta razón, no creo será mucho de negociar y que os escrebí cómo Ordás lleva un rey con una cadena a la garganta que no sé qué [v]os podáis pedir para el gobernador. Entra en consulta y pídase muy honradas pues hay que pedir y desto dar a Juan de Ribera aviso porque de allá ha razón, vendrá señalado y porque yo os escribo largo en esas cartas que ya habréis visto, con las cuales os llevan cincuenta ducados que gastéis en Vitoria, a las cuales me refiero y, en todo lo que demás os parescier cumple a los negocios, os pido por merced con mucha voluntad y diligencia lo hagáis. Nos[86] sienta Juan de Ribera ni el flaire que tenéis sus cartas nin los capítulos no ofreciéndose nescesidad.

Vuestros hermanos[87] se embarcarán, Dios mediante, de aquí a X o XII días, que ya la nao es ida el río abajo. Nuestro Señor los lleve como deseamos. El portador destas, muy gran amigo mío, va a entender en un negocio que le cumple como dél sabréis, es natural desta villa y fue a Sevilla a notificar la citatoria a Ordás como dél sabréis, por me hacer merced todo lo posible se haga por él porque le debo mucho.

A la señora beso las manos y a los hijos guarde Nuestro Señor de los cuales vea el gozo que desea. De Medellín, a VIII de marzo de DXXIIII años.

En lo de Garay nos descuidéis, que me han certificado que en Sanlúcar está una nao de armada para pasar. No me paresce bien debéislo decir a Juan de Ribera y no para que os descuidéis con él, ya sabéis cómo son

---

[85] Probablemente se refiere don Martín a las peticiones elevadas por Ribera en Burgos, durante la estancia del emperador en la ciudad castellana. Algunos de aquellos capítulos son los que figuran en el memorial que situamos en 1524 y del que se ha ocupado Abel Martínez Loza, "Un memorial de...", pp. 3-13.

[86] *nos*: no os.

[87] Probablemente Alonso y Pedro de Paz.

idas provisiones que ganó Ribera para que Garay no entendiese en aquella tierra que estaba en las provincias de Cortés.[88] Ahora dicen que llevan otras para Garay y que van oficiales proveídos para allá. No lo entiendo, sino que esto se hizo por no haber parte que lo contradijese, que mejor estoviera Ribera aquella sazón en la Corte que en su tierra,[89] que para la romería mejor es el verano que el invierno. Entended mucho en ello pues va mucho y todo os lo remito pues estáis allá; todas las veces posibles me escrebí[d].

Hasta hoy no hay ninguna nueva de aquellas partes, sospecha tengo que algund caballero te *(sic)*[90] pida al rey por merced mande a Cortés se case con su hija, que no sepamos si ha parido ni quién es. Si por caso algo sintiérdes, que sea cosa que no le cumpla, que os volváis al brazo seglar, que es el señor dotor Carvajal, que se trabaje como le dejen en su libertad. En tal caso esto se entiende no siendo cosa que le cumple, que a él no le ha de dar nada con ella; sea noble y de linaje, esto sea para vos.

Juan de Ribera me escribió que le enviase las armas que mi hijo puede traer[91] para enviallas a Flandes; con las que el rey le diere,[92] que hagan

---

[88] La cédula de 24 de abril de 1523 por la que don Carlos ordenó a Francisco de Garay no entrometerse en la gobernación de Hernán Cortés estaba en sus manos el 3 de septiembre de 1523 pues ese día se presentó ante el escribano Francisco de Orduña para sacar varios traslados de aquel texto. *Documentos cortesianos*, vol. I, p. 262.

[89] Bernal afirmó que era natural de Medellín, aunque otros autores lo hacen originario de Ribera (Badajoz). Hugh Thomas, *Quién es quién...*, p. 249. Bernard Grunberg, *Dictionnaire...*, p. 441.

[90] Se entiende mejor si se lee "le pida al Rey", aunque tal vez quiso escribir "caballerote".

[91] Las armas de los "Corteses", "Altamiranos" y "Arellanos" aparecen descritas en el documento por el que el 9 de enero de 1535 Cortés estableció mayorazgo en Colima, posibilidad que se le había concedido en Barcelona el 27 de julio de 1529. *Documentos cortesianos*, vol. IV, pp. 120-131.

[92] Don Carlos concedió a Cortés escudo de armas en Madrid el 7 de marzo de 1525. Por aquella merced se autorizaba a Cortés a que "... demás de las armas que así tenéis de vuestro linaje, podáis tener y traer, por vuestras armas propias y conocidas, un escudo que, en el medio dél, a la mano derecha, en la parte de arriba, haya una águila negra de dos cabezas en campo blanco, que son las armas de nuestro imperio, y en la otra mitad del dicho medio escudo, a la parte de abajo, un león dorado en campo colorado, en memoria de que vos el dicho Hernando Cortés, y por vuestra industria y esfuerzo, trujistes las cosas al estado arriba dicho, y en la mitad del otro medio escudo, de la mano

reposteros como los del señor dotor. Al señor Burgueño y a la señora su mujer beso las manos y a quien a vos os parescier.

Aquí se ha dicho que las monjas de Santi *(sic)* Spiritus de Salamanca venden un lugar ques seis leguas de aquí que se diz la Poblezuela de la Reina, por me hacer merced luego escribáis a vuestros hermanos que lo sepan si es verdad y lo que piden por ella y lo que ciento *(sic)* la dará y les tome la palabra, que no concluya con nadie hasta que me lo hagan saber y les responda aunque no renta sino LXX mill. Dícenme que tiene jurisdición por sí y han de saber si tienen facultad del Papa y del rey para vender. Esto poned luego por obra que es cosa que cumple, aunque sepa vender el juro con pérdida lo haré por la haber o pedir los dineros a cambio. El jubón que os escrebí de Juan Núñez se procure, que yo lo pagaré bien. Vuestro tío que como por hijo hará lo que mandardes. Martín Cortés.

El sobrescrito de la cual dicha carta decía así: Al muy virtuoso señor, el señor mi sobrino, el licenciado Francisco Núñez, relator del Consejo de Su Majestad,[93] en Burgos, en la posada del señor dotor Carvajal.

---

izquierda, a la parte de arriba, tres coronas de oro en campo negro: la una, sobre las dos en memoria de tres señores de la gran cibdad de Tenustitan y sus provincias que vos vencistes, que fue el primero Moctezuma, que fue muerto por los indios, teniéndole vos preso, y Cuetaoacín, su hermano, que sucedió en el señorío y se rebeló contra nos y os echó de la dicha cibdad, Guauctemucin, y sostuvo la dicha rebelión hasta que vos le vencisteis y prendistes; y en la otra mitad del dicho medio escudo, de la mano izquierda, a la parte de abajo, podáis traer la cibdad de Tenustitan, armada sobre agua en memoria que por fuerzas de armas la ganastes y sujetastes a nuestro señorío, y por orla del dicho escudo, en campo amarillo, siete capitanes y señores de siete provincias y poblaciones que están en la laguna y en torno della, que se rebelaron contra nos y los vencistes y prendistes en la dicha cibdad de Tenustitan, apresionados y atados con una cadena". *Documentos cortesianos*, vol. I, pp. 331-335.

[93] Es la primera carta de este corpus en la que Martín Cortés trata a su sobrino como relator del Consejo Real, nombramiento que debe conocer hace pocos días ya que en el poder que otorgó en su favor en Medellín el 20 de enero de 1524 se refiere a él como "licenciado Francisco Núñez, estante en la Corte de Sus Majestades".

[1524], mayo, 22. Medellín.

*Carta de Martín Cortés al licenciado Francisco Núñez dándole cuenta
de diversos asuntos, entre ellos, de las gestiones de los partidarios de
Diego Velázquez, del impago de las cantidades adeudadas a su hijo,
de lo escrito a Juan de Ribera, de la condición de viudo de Cortés e
informándole de algunos asuntos familiares.*
ORIGINAL. ARChV, Pleitos Civiles, Zarandona y Balboa, Olvidados,
Caja 145-2, fols. 168r-170v. Autógrafa en casi su totalidad de Martín
Cortés, tamaño folio, letra cortesana.

†

Virtuoso señor:

La carta que con Gaspar de la Plaza[94] me envió recebí y por ella decís que
habéis estado con esos señores que han dentender en lo del juro, que dicen
que es deuda vieja y que Su Majestad no mandó dar juros sino a los que
ahora tomaron el oro y que está en vuestra dicha; no está sino en la mía,
que a todos pagan y han pago, que la voluntad del rey no es tomar a nadie
lo suyo. No sé qué menos condición tenga esto que todo lo que se ha pagado, así en juros como en libranzas, ni por qué razón se habían de pagar a
Montejo y Portocarrero y a mí no, pues los míos habían de ser primero pagados que los suyos, porque mi hijo los envió para que le enviasen cosas
necesarias para aquellas partes, así de armas como bastimentos para guarda y sustentar sus personas y parece manifiesto que por buena diligencia de
los procuradores; y acuérdome que en muchas cartas me habéis escrito
dándome mucha priesa que os enviase despacho, que lo teníades muy bien

---

[94] Gaspar de la Plaza, vecino de Sevilla, aparece como testigo en el poder que Martín
Cortés otorgó a favor del licenciado Núñez en Medellín el 20 de enero de 1524 para
que en su nombre cobrase cierta cantidad enviada por su hijo y retenida en la Casa de
la Contratación.

enhilado y, si así fuera, la respuesta que ahora decís que os dan os dieran entonces y no sé con quién lo teníades enhilado pues esos que decís que entienden en ello estaban en Vitoria; parésceme que más son razones para complir que obra y asimismo de justicia y razón mientras de lejos fuese la deuda se había de pagar primero que la nueva cuanto más que sigún lo que ellos sirvieron, que con ellos se tomaron Maya[95] y otras cosas, que no se tomaran si no fuera por ellos, y parésceme que no es inconviniente decillo al Rey, diciéndole para lo que mi hijo lo había enviado y cómo había muchos días que se habían tomado y que de causa de no se haber dado no se ha enviado todo lo que Cortés envió a pedir, que puesto que han llevado algunas cosas, que muchas faltan por llevar, pues esto principalmente cumple a servicio de Su Majestad y puesto que yo lo pido en juro o en libranza no es sino para lo tornar a vendello o baratar para enviar todavía las cosas necesarias. Y lo que en este caso quiero, que se cobren esos dineros por cualquier vía que sea posible y, sigún me parece, creo habrá necesidad de ir yo a entender en ello lo cual haré, Dios mediante, si se llega la Corte a Madrid y si no enviaré quien lo solicite, que no tenga otra cosa en qué entender puesto que do vos y Juan de Ribera estábades no fuera razón toviera yo necesidad de ir ni enviar a otro, mas como el caso sea de importancia no se podrá excusar, que no me queda otra hacienda, porque después gastó Ordás en Sevilla más de docientas mill maravedís y cuanto a este capítulo concluyo.

Decís que recebistes los ochenta y un mill y tantos maravedís que había enviado para lo del juro, no sé para qué lo tomábades pues no eran menester. Por me hacer placer, que vos se los volváis lu[e]go que no falte una blanca[96] pues está para aquello y porque lo saqué prestado, que Luis Hernán[dez][97] me los prestó, y no se haga otra cosa porque recebiría dello mucho enojo.

---

[95] La fortaleza de Maya, enclave pirenaico ocupado por navarros contrarios al emperador, fue cercada en junio de 1522 por Francisco de Zúñiga y Avellaneda, conde de Miranda.

[96] *blanca:* moneda antigua de vellón, que según los tiempos tuvo diferentes valores. DRAE.

[97] Luis Hernández (Fernández) de Alfaro, mercader que financió el paso a Indias de Cortés y que tuvo un importante papel como prestamista en sus asuntos. Hugh Thomas, *Quién es quién...*, pp. 293-294.

En lo de Garay todavía se tenga mucho aviso y cuidado, que va mucho en ello.[98]

En lo de Diego Velázquez asimismo se debe tener mucho cuidado que todo aquello que pide f[ue] proveído por el obispo favorable[99] y con relaciones falsas[100] y en poder de Samano están presentadas probanzas en contrario y vos tenéis algunas, requeri[d] las escrituras y memorias que allí hallaréis qué responder, que ni él descubrió la tierra ni menos hizo gasto ninguno, que cuando envió a Grijalva ganó dineros con los rescates que trajeron.[101]

Asimismo está probado cómo unos vecinos de Cuba de los cuales se decía uno Francisco Hernández y los otros allá hallaréis sus nombres y por piloto Alaminos,[102] los cuales fueron a buscar lucayos, que son indios para esclavos, y resgataron[103] con los indios de aquellas partes y de que vinieron y dijeron cómo habían hallado aquella tierra, envió a Guzmán[104] con

[98] Al margen: <En lo de Garay>. Por la grafía, esta anotación, posterior a la redacción de la carta, puede atribuirse a la pluma del licenciado Núñez.

[99] Juan Rodríguez de Fonseca, obispo de Burgos y defensor de los intereses de Diego Velázquez, falleció en Burgos en noviembre de 1524.

[100] Sobre la actitud partidista de Fonseca también se hace eco Bernal "andaba ordenando aquellas cosas sin dar verdadera relación a su majestad, y por favorecer al Diego Velázquez, y al Tapia", Bernal Díaz del Castillo, cap. CLVIII. En idénticos términos se pronunció Francisco López de Gómara, pp. 343-344 al decir que Fonseca "desfavorecía y encubría sus hechos y servicios" y que "consentía y aprobaba las falsas relaciones de Diego Velázquez".

[101] Al margen de este párrafo: <En lo de Diego Velázquez>. La anotación fue realizada por Núñez. El texto aparece subrayado en el original hasta "gasto ninguno". El rescate que obtuvo Grijalva en piezas de oro, pluma y algodón lo ofrece Francisco López de Gómara, p. 42.

[102] Alaminos tenía una amplia experiencia marinera, acompañó a Colón en su tercer (1498) y cuarto viaje (1502) y fue piloto en las expediciones de Hernández de Córdoba, Juan de Grijalva y Hernán Cortés. Al respecto prestó declaración en México el 5 de mayo de 1522. *Documentos cortesianos*, vol. I, pp. 221-224.

[103] Así en el original, quiere decir rescatar, en el sentido de cambiar o trocar una cosa por otra. Entre los artículos que los españoles utilizaban para el trueque habitualmente se encontraban cascabeles, cuentas de vidrio, tijeras, peines, cuchillos, espejos, bonetes, etc.

[104] Da la sensación de que equivoca el nombre de Grijalva con el de Guzmán, o de que se "desliza" su nombre en la exposición pues Velázquez, tras la expedición de Hernández de Córdoba, envió a la península a Gonzalo de Guzmán con su poder y relación de cómo había descubierto la tierra y a solicitar el adelantamiento.

dos carabelas a los cuales no consintiero[n] estar en la tierra y en lo que resgataron con los naturales ganaron dineros, pues en la ida de Cortés manifiesto está que de lo que cargó, que llevaron sus fatores, que lo vendieron por muchos más dineros que ello valía,[105] de manera que en todo cuanto dicen es la verdad en co *(sic)* en contrario. Y a lo que diz de las naos de Narváez, por las enviar contra los que estaban en servicio de Su Majestad, siendo requerido por el licenciado Ayllón de parte de Su Majestad, merecen antes pena que ser pagadas;[106] y esto todo es nada pues no es verdad si hay quien entienda en ello; en lo de las alcaidías se llegue al cabo. No sé quién dio la petición y bien está alegado que se muestre partero poder.

En lo que, señor, diz entendió en lo del alcaide le tengo en merced y lo que más se pueda hacer se haga, porque es mucho mi amigo. La cuera receba que envió Juan Núñez yo se la pagaré; lo de las monjas[107] me escribió que no lo querían vender.

Decís que se han comenzado a ver los capítulos, no sé si pide en ellos ciertos pueblos con sus términos que Ribera trae por memoria, que es lo que más cumple a mi hijo y lo que principalmente querría que se negociase; y asimismo pide que le hagan merced de las escribanías, en especial la de su juzgado, ésta querría se procurase y si se ha dado compralla a quien la tien porque escribe muy encargado esto debéis comunicar todo esto con Juan de Ribera y procurallo pudiéndose haber. Lo de las armas

---

[105] En la declaración que Alonso Hernández Portocarrero hizo en La Coruña el 30 de abril de 1520 se aludía a que: "... Hernando Cortés había gastado en esta armada cinco mil ducados o castellanos ... e que éstos que gastó fue en vinos e aceite e vinagre e ropas de vestir las cuales les vendió un factor que allá está de Diego Velázquez, en que les vendía el arroba de vino a cuatro castellanos que salía al respecto por una pipa cient castellanos e la arroba del aceite a seis castellanos e a lo mesmo la arroba del vinagre e las camisas a dos pesos, y el par de los alpargates a castellano e un mazo de cuentas dabalorio a dos castellanos, costándole a él dos reales". *Documentos cortesianos*, vol. I, p. 113.

[106] El licenciado Ayllón fue enviado por la Audiencia de Santo Domingo para estorbar el paso de la armada que Diego Velázquez dispuso contra Cortés. La Audiencia dio cuenta al rey en una carta de 10 de noviembre de 1520 en la que firmaron los licenciados Villalobos, Matienzo, Ayllón y Figueroa. AGI, Patronato,15,R.12.

[107] En la carta de 8 de marzo de 1524, escrita también en Medellín, don Martín se había interesado por la venta de ciertas propiedades de las monjas del convento de Sancti Spiritus de Salamanca. Véase doc. 7.

me parece bien; en lo dell *(sic)* águila no quiera más de lo que Su Majestad fuere servido. No sé por qué cabeza dieron a Ordás[108] rey por prisionero siéndolo Motenzuma[109] y no dallo a Cortés, envíamelas pintadas.

Decís que el parescer del señor dotor es que no entendáis en lo del oficio, ya yo os escrebí que no aprovechaba nada a los negocios de Cortés, que os habían de sospechar.[110]

A lo que, señor, decís que os conoscen por primo del gobernador, más quisiera que os conoscieran por parte y su procurador, lo cual nunca con vos lo he podido acabar que por vos hiciésedes lo que fuese necesario, que aun esa diligencia de la carta citatoria no quegistes[111] que fuese en vuestro nombre, ni hasta hoy cosa ninguna por vos habéis hecho sino visitar los procuradores que con muy poco dineros de los que yo a vos he dado hallara yo quien más se hobiera mostrado. Yo lo he habido por bueno, por el deudo, mas también os lo doy por que entendiésedes en las cosas que cumplían a mi hijo, lo cual vos sin nada érades obliga[do] a lo hacer y, como dicho tengo, hasta hoy no [he] visto cosa que por vos ha-

---

[108] A la concesión de Ordás se había referido en la carta del 8 de marzo de 1524, véase doc. 7. Hugh Thomas, *Quién es quién...*, p. 129, dice que lo hicieron comendador de la Orden de Santiago y fue entonces cuando le concedieron el escudo de armas. Áquel fue descrito por Antonio de Herrera, *Historia General...*, Década III, libro V, cap. III: "A Diego de Ordás, que representó los servicios que había hecho ... se le dio por armas, demás de las que tenía de su linaje, en el medio del escudo, lado derecho, un Rey coronado en campo colorado, que es el de Goazacualco, y al derecho del dicho medio escudo, a la parte de abajo, un castillo, que de él salía una puente, en campo colorado, y en la otra mitad del dicho escudo, una sierra nevada, en campo verde, que de lo alto de ella salen unas llamas de fuego, en señal del volcán, encima del dicho escudo, un yelmo cerrado con su timbre".

[109] Motecuhzoma II, tlatoani de Tenochtitlan a la llegada de Cortés a Nueva España. Bernal lo describió como "de buena estatura y bien proporcionado, e cenceño e pocas carnes, y la color no muy moreno, sino propia color y matiz de indio, y traía los cabellos no muy largos, sino cuando le cubrían las orejas, e pocas barbas, prietas y bien puestas e ralas, y el rostro algo largo e alegre, los ojos de buena manera, e mostraba en su persona en el mirar por un cabo amor, e cuando era menester gravedad", Bernal Díaz del Castillo, cap. XCI.

[110] Probablemente alude don Martín a la inconveniencia de que Núñez desempeñase simultáneamente el oficio de relator del Consejo Real y la defensa de los asuntos de Cortés.

[111] *quegistes*: quisiste.

101

yáis hecho. Si os desprecias de ser su procurador, otros lo ternán por honra. Mi fin ha sido de os aprovechar, como lo he puesto por obra vos no tenéis razón de os quejar de mí y para lo por venir vuestras obras lo pueden hacer, que mi voluntad buena es, que [más] *(cosido)* cumplo yo con razones.

Decís que habéis hablado a fray Pedro Melgarejo y que le halláis muy devoto del gobernador. Tien razón, que le dio sus dineros, con los cuales anda granjeando el obispado que decís.[112] Querría yo que en lo que cumple a mi hijo fuese devoto, lo cual había de comunicar con vos y dar priesa [a] Juan de Ribera, mas todos hacen lo que les cumple, en [e]l cabo a las obras me remito, no fuera razón que de vos se encubriera. Trabaja de alcanzar lo que negocia y rogalle que todavía procure de saber de Ribera lo que hace y dalle priesa. En lo de Altamirano no hay necesidad de negociar sino con los de los vancos,[113] que no es menester más.

De lo de vuestro hermano y cuñado están buenos y creo se partieron a cuatro de mayo porque Pedro de Paz[114] me escribió a dos de mayo que se partirían cierto dende a dos días y me escribió como Ordás les hacía mucha honra y todos cuantos van en el navío y que supo, de unas cuatro naos que vinieron de las Indias, como el gobernador había hecho mucha honra a Rodrigo de Paz, que le dio un pueblo de X mill vasallos y otras cosas las cuales creo os escribe más largo en un envolto[115] grande de cartas que me envió, el cual yo envié a vuestra madre[116] a Salamanca. Bien

---

[112] Fray Pedro Melgarejo de Urrea obtuvo el nombramiento de obispo de Dulcinen en el Epiro el 20 de noviembre de 1528. Conradum Eubel, *Hierarchia catholica...*, t. III, p. 188.

[113] Tal vez se quiso escribir "vacos", es decir, los que estaban sin proveer. Al interés de obtener un obispado para fray Diego Altamirano ya se había referido en otra ocasión. Véase doc. 1.

[114] A la partida de Pedro de Paz, hermano del licenciado, y de Cristóbal de Salamanca, su cuñado, se refirió don Martín en la carta de 8 de marzo de 1524. Debió de demorarse la salida ya que nuevamente hará mención a su partida en la carta que escribió al licenciado el 21 de junio desde Medellín, comunicándole que aquélla tuvo lugar a comienzos de mayo. Véanse docs. 7 y 9.

[115] Sin duda quiso escribir envoltorio.

[116] Inés Gómez de Paz, madre del licenciado Núñez, era hermana por parte de padre de don Martín. Casó con el escribano Francisco Núñez de Valera y en su hogar vivió Cortés durante el tiempo que residió en Salamanca.

cierto esto[y] yo que mi hijo lo hará mejor con sus deudos que ellos por él, bien podéis estar cierto que ellos serán bien aprovechados y honrados.

El juez que decís está proveído para Diego Velázquez, si vinier acá hacérsele ha la cortesía posible, mas si él es buen juez él hallará, sigún fama, con qué le pueda castigar por justicia, de manera que no será menester encargalle nada. No lo digo porque no me paresce bien lo que, señor, decís y de lo que le tenéis dicho os lo tengo en merced.

En las naos que ahora vinieron destotras Indias vien un hidalgo desta villa que se diz Segredo,[117] el cual partió de la Nueva España a XXII de abril hobo un año; trájome cartas mas son de tantos días que no son de sazón y lo principal que en ellas diz: que con cuantos navíos allá fueren le envíe provisiones porque dellas tien extrema necesidad y que sigún la costa tien y los precios de los bastimentos que en ninguna manera él se podría sustentar y cuando Dios quiera que nos veamos se la mostraré por que vea y cr[ea] y aun diz para que esto se ponga en obra, que no aguarde a los navíos que vayan allá derechos sino en cuantos fueren a Santo Domingo y que los den a uno que se diz Caballero, que él se los enviará. Yo le envío con Ordás, de más de lo de Medina, sobre docientas mill maravedís de cosas necesarias y mucho para aquellas partes, así en vinos, aceite, harina, vinagre, pasas, almendras, higos, sillas jinetas, jaeces, daragas,[118] puñales de Salamanca e pólvora y materiales para la hacer, cincuenta escopetas con todos sus aparejos, las mejores que nunca vinieron a Castilla; y con Montejo envié XX pipas de vino,[119] de manera que es cosa justa le den lo suyo para le enviar estas cosas, pues su Majestad era razón que las enviase pues principalmente son para su servicio.

---

[117] Probablemente se refiere a Francisco de Sagredo, natural de Medellín y tío de la Sagreda. Hugh Thomas, *Quién es quién...*, p. 312. Cortés expresó la consideración y aprecio en que lo tenía en la carta que escribió a su padre el 1° de octubre de 1526. Véase Hernán Cortés, *Cartas y memoriales*, p. 111.

[118] Tal vez, por el contexto, quiso escribir adargas, escudos de cuero ovalados o en forma de corazón. DRAE.

[119] El 1° de octubre de 1526, tras el regreso de la expedición de las Hibueras, Cortés escribió desde Tenochtitlan a su padre que Montejo, lejos de entregárselas, le vendió algunas "a ciento y treinta pesos" para el despacho de Francisco de las Casas a quien envió en junio de 1524 en busca de Cristóbal de Olid. Hernán Cortés, *Cartas y memoriales*, p. 110.

Luis Hernández me escribió que esperaba su previllejo del oro que le tomares, también fue dello del tiempo que lo mío, no sé en qué está esto. Juan de Ribera me escribió que tenía comprados X o XII tiros de campo y treinta escopetas, mas quisiera ver que comprara las cien celadas[120] con sus barbotes[121] que mi hijo envió a pedir.

A Juan de Ribera escrebí que me envíase la carta de pago de Ayllón para los cobrar dél que estaba en Sevilla, el cual, en la carta que me envió cuando me los envió a pedir, me dijo que me los libraría en Toledo en una libranza que el Rey le había hecho. Sigún lo que Ribera escribe, diz que el conoscimiento reza que los dará en la isla de San Juan y que de aquella causa no me lo enviaba y creo que sonará a Ribera, de manera que el fin de todos no es sino quitarme la pluma, la cual es ya tan poca que pocos plumajes se podrían hacer della. Todavía comunica al flaire, si pudiésedes acabar con él que os dijese algo. Plega a Nuestro Señor no diga algún testimonio, que nunca se hizo traición sin flaire o mujer o judío y es de creer que el señor dotor,[122] ni Cobos, ni el Rey hiciesen caso dél por sus negocios, de sospechar es que cumplen al Rey; no es posible si v[os] le comunicáis y le hacéis creer que le creis[123] que alguna vez no diga algo por do sintáis algo de sus negocios, que me paresce a mí que si fuera verdad que negociara como decís cosas que cumplen a mi hijo y a mí sabiendo el deudo que no las dijera, en el cabo se canta la gloria.

Cuanto a los casamientos digo: que en lo de mi sobrina, que mi fin es cobrar con ella un deudo honrado y que fuese tal que las cosas de mi hijo procurase y, si posible fuese, quisiérale desta tierra por gozar dellos porque la tengo como hija verdadera y ese letrado que decís no ha de residir en esta tierra y pensará que le hemos de sobr[e] comprar y, si os paresce que hace al propósito, no dejéis de lo tentar que lo que nunca se comienza no se acaba. En lo de mi hijo me paresce que, pues es notorio estar viudo, que aguardemos a que nos acometan porque sería mucha afrenta ver que nos dijesen: "ayúdeos Dios". Aquí ha pubicado *(sic)* el

---

[120] *celada*: pieza de la armadura que servía para cubrir y defender la cabeza. DRAE.
[121] *barbote*: pieza de la armadura que cubría la boca, barba y quijadas. DRAE.
[122] Lorenzo Galíndez de Carvajal, consejero de Castilla.
[123] Así en el original por creéis.

señor don Rodrigo que holgaría dalle una hija que tien, que es muy honrada persona y petal (?); aquí parécenos que nos está bien, como es cierto, mas también querría que granjeásemos con él algún favor y para esto éstos son poca parte que, puesto que es nieta del duque, acuérdasele muy poco dellos. Esto plega a Nuestro Señor provea como Él más sea servido. Un Cristóbal de Mendoza,[124] contino del Emperador, es natural desta villa y deudo de mi mujer, vino aquí habrá un mes, a unas honras de su madre y hablamos algo en este caso y me dijo que tenía su suegro de Cobos otra hija de XVII años, hermosa y noble, y que se ganaría el favor de Cobos que es harta parte como sabéis, que si quería, que él entendería en ello.[125] Yo le respondí que bien me parescía mas que, hasta que supiésemos la voluntad de mi hijo, que no era razón hablar a nadie y en esto paramos. Y para con vos, si me acometiesen con cosa que nos cumpliese a la hora lo concluiría y ge la enviaría allá porque si hobiésemos de aguardar respuesta ésta sería mucha dilación. Si por caso allá algo se movier que os paresca que cumple házmelo saber y aun mi parescer sería que, si tal cosa se ofreciese, lo comunicásedes con el señor dotor porque tengo tanta confianza en su mucha nobleza que nos daría consejo de que no nos arrepintiésemos. A Nuestro Señor y a su gloriosa madre lo encomiendo lo provea cómo dello más sean servidos.

Los pueblos que pide que le hagan mecerde *(sic)* veréis por esa carta que mi hijo envía, en eso principalmente se debe entender pues es de mucha importancia, que los más de los capítulos a mi ver cumplen más al Rey que a Cortés, ellos holgarán de los proveer y en esto hinca mucho el lombro[126] y en todo lo demás que en la carta veréis y dadle mucha priesa; lo mismo escribe a Juan de Ribera, como veréis por su carta.

---

[124] Cristóbal de Mendoza, Gentilhombre de la Casa de Aragón del emperador y de la reina Juana desde 1518 hasta 1523, luego pasó a la Casa de Borgoña de don Carlos. José Martínez Millán, *La Corte de...*, vol. IV, p. 254.

[125] Se refiere a una de las hermanas de doña María de Mendoza y Pimentel, con la que había contraído matrimonio Cobos el 20 de octubre de 1522. Los nombres de las hijas de los condes de Rivadavia eran Beatriz Sarmiento de Mendoza, Francisca Sarmiento, Beatriz de Noroña y Ana de Mendoza. Bernal dice que aquella dama casó con el adelantado de Canarias, Alonso Luis Fernández de Lugo, refiriéndose por lo tanto a Beatriz de Noroña. Bernal Díaz del Castillo, cap. CXCV.

[126] *lombro*: hombro.

Una carta me trajo Sagredo para que viese lo que escrebía all obispo,[127] porque otra tal le enviaba con un Juan Bono,[128] creo que la otra no ha llegado, la cual os envío para que la veáis porque creo será muy provechosa para los negocios como por ella veréis, porque por ella dice que tiene cincuenta mill pesos para Su Majestad en que paresce que tiene cuidado de sus rentas y de servir a Su Majestad. Asimismo veréis por ella muy larga relación de las cosas y todo aquello pasa en realidad de verdad. Y parésceme que, en todo caso, la debe ver el Rey porque hará mucho provecho a los negocios. Y a mí me paresce, si a vos paresciere, sería bien que la viese primero el señor dotor y tomásedes su paresger y también aprovecharán a demandar los dineros que se deben para enviar las cosas que por ella dice; y creo que después de la fecha se habrán ya llegado otros tantos o cerca dellos y paréceme ques carta que todos los del Consejo la debrían de ver; y si os paresciere sacar algún traslado o traslados sería bien. Yo escribo a Juan de Ribera cómo os la envío y porque podéis primero mostrarla al dotor no le debéis dar su carta porque querría cuando lo supiere que ge la mostréis, lo cual haréis y aun dárgela primero quél o ambos juntamente la mostréis a quien vierdes que conviene por manera quél no se resabie que nos guardamos dél, que por vuestras cartas decís que anda bueno en los negocios. Allá envío dos cartas que mi hijo envía a Juan de Ribera, las cuales yo abrí; dárgeslas héis y en todo caso carga la mano sobre esas provincias y tierra que mi hijo envía a pedir porque aquello sea lo cierto de lo que le cumple.

En lo de mis dineros, si os paresce que lo que pedimos no se podrá acabar, procúrese que den una libranza para que del primer oro que venga de cualesquier Indias se pague de manera que no se pueda revocar porque

---

[127] Juan Rodríguez de Fonseca, obispo de Burgos.

[128] A partir de este punto, probablemente por cansancio de don Martín, el texto fue escrito por otra mano aunque el padre de Cortés retomó la pluma en la despedida y firmó la misiva. Juan Bono de Quejo contó con el apoyo de los partidarios de Fonseca y fue uno de los testigos presentados en la información promovida por Diego Velázquez contra Hernán Cortés. En septiembre u octubre de 1522 fue enviado por Velázquez a México con despachos del obispo de Burgos y cartas en blanco para que nombrase nuevas autoridades suponiendo que Cristóbal de Tapia era gobernador. Se entrevistó con Cortés en Coyoacán y luego regresó a Castilla. Bernal Díaz del Castillo, cap. CLX.

no puede ser que tarden de una parte o de otra y aun sabiendo que está allí esta libranza nos prestarán dineros en los cambios o nuestros amigos.

Francisco de Sagredo vino agora y ha que partió trece o catorce meses de la Nueva España y con los navíos que con él vinieron, vinieron otros que partieron después dél, los cuales dicen quel gobernador quedaba bueno y que todavía enviaba gente a descobrir más tierra y que tenía mucha voluntad de enviar el oro a Su Majestad y que no osaba de temor de los franceses.[129]

Una carta escribo a fray Pedro Melgarejo e la cual os envío abierta para que la veis *(sic)*, cerralda y dadgela *(sic)* luego y trabaja por que os dé la respuesta, que yo no estoy muy satisfecho dél, pero todavía le dad contentamiento para si pudiésedes sacar dél algo de lo que negocia; y dalde priesa que responda luego porque tenéis mensajero, que es este llevador desta y ha de volver luego, que es natural desta villa y es criado del amigo de Plaza que vive con el señor duque de Alba. En ninguna manera venga este hombre sin la respuesta del fraile. Estad muy sobre aviso de lo que el fraile os dijere porque es cierto que trajo dineros de mi hijo para poner en cierta parte; querría saber si lo ha cumplido, no para que le digáis nada, más de para sentir poco más o menos lo que dice y hace; delo *(sic)* todo lo que estoviere negociando me escrebid largo y algunas nuevas si hobiere. Los que vinieron con Francisco de Sagredo, vinieron algunos de la Nueva España que partieron después quél, los cuales dicen cómo Francisco de las Casas y vuestros hermanos y todos los que fueron con él llegaron buenos y quedaban.

A la señora, su mujer, beso las manos y a los hijos guarde Nuestro Señor de los cuales vea el gozo que desean. De Medellín, a XXII de mayo.

---

[129] La actitud de Cortés y su comportamiento dieron pie a numerosos comentarios en la Corte. Anglería acalla los rumores que circulaban destacando la voluntad mostrada en ampliar el patrimonio territorial del emperador. Es más, en su opinión no se intentaría "poner freno a tan poderoso elefante" exigiéndole explicaciones sobre el dudoso caso de Garay y su muerte y, en caso de tener alguna responsabilidad en aquélla, castigándolo. Su visión de los acontecimientos futuros la corroboró el paso del tiempo pues escribe: "Creemos, sin embargo, que algún día vendrá a caer en los mismos lazos que él tendió a Diego Velázquez, gobernador de Cuba, bajo cuyo mando fue enviado joven a aquellas tierras, sin que ello obstara a que se rebelase contra él, o a Pánfilo de Narváez, o a Garay, últimamente, si hemos de dar crédito a la opinión de muchos". Pedro Mártir de Anglería, Década VIII, lib. VI, p. 685.

Déste que como por hijo hará lo que, señor, mandardes. Martín Cortés[130] *(rúbrica).*

(sobrescrito) Al muy virtuoso señor, el señor licenciado Francisco Núñez, relator del Consejo Real de Su Majestad, en la posada del señor dotor Carvajal dirán dél *(rúbrica).*

<XXII de *(roto)* del año de XXII.[131] En ésta me manda que entienda en lo de Diego Velázquez y que yo tengo las escrituras>

En Valladolid, a seis días del mes de junio de mill quinientos e cuarenta e cinco años, yo Juan Vázquez, escribano de provincia, por mandado del señor alcalde Villagómez, habiendo rescebido juramento en forma e segund derecho de don Hernando Cortés, marqués del Valle, le mostré esta carta mesiva desta otra parte contenida para que la reconosciese el cual dijo, habiéndola visto, que no sabe cosa alguna della e lo niega. El marqués del Valle *(rúbrica).* Pasó ante mí, Juan Vásquez *(rúbrica).*

En Valladolid, a veinte e seis días del mes de junio del dicho año de mill e quinientos e cuarenta e cinco años yo el dicho Juan Vázquez, escribano susodicho, por mandado del dicho señor alcalde Villagómez notifiqué al dicho marqués del Valle que jure y declare abiertamente si la firma desta dicha carta mesiva es de Martín Cortés, su padre, el cual habiendo jurado en forma segund derecho e visto la dicha carta e firma della dijo que la dicha firma le parescía e paresce a otras firmas que ha visto hechas del dicho Martín Cortés,[132] su padre, e que no puede hacer otra declara-

---

[130] Don Martín, que ha dictado los párrafos anteriores, retoma la pluma para escribir la despedida y firmar la carta.

[131] Por el tiempo verbal utilizado la anotación puede atribuirse a Núñez que se equivoca al anotar "año de XXII" dado que el contenido de la misiva nos lleva a situarla en 1524. Entre los hechos comentados por don Martín, que prueban que no pudo redactarse en mayo de 1522, se encuentran la mención a que Cortés está viudo, situación que se produjo el 1º de noviembre de ese año, o la alusión a la llegada a Nueva España de Francisco de las Casas y los hermanos del licenciado Núñez, que tuvo lugar en la primavera de 1523.

[132] El escribano escribió inicialmente marqués del Valle y luego lo tachó.

ción. Testigos Juan de Villanueva e Andrés de Tapia, estantes en esta Corte. Firmó de su nombre. El marqués del Valle *(rúbrica)*.[133] Pasó ante mí, Juan Vásquez *(rúbrica)*.

---

[133] La firma del marqués del Valle es autógrafa en ambos reconocimientos.

[1524], junio, 21. Medellín.

Carta de Martín Cortés al licenciado Francisco Núñez recordándole los asuntos de Cortés, encargándole la vigilancia de las gestiones de Juan de Ribera y que se interese, entre otras cuestiones, por lo hablado sobre el posible matrimonio de su hijo con la cuñada del secretario Francisco de los Cobos.

COPIA. ARChV, Pleitos Civiles, Zarandona y Balboa, Olvidados, Caja 145-2, fols. 85v-89v, tamaño folio, letra cortesana. Traslado sacado en Valladolid, el 11 de agosto de 1545, por el escribano Juan Vázquez.

Muy virtuoso señor:

Una carta rescebí hecha a diez de junio y con ella hobe mucho placer porque teníamos mucha pena por la mala dispusición que en la otra carta me habiédes enviado, vuestra y de la señora vuestra mujer, como era razón. Y doy gracias a Nuestro Señor que ha querido daros salud, porque es cierto que vuestra carta me había dado mucha pena. En cuanto a lo demás que en vuestra carta decís cerca de la reprehensión que os hago es así como por ella vos confesáis que, si yo no os tuviera el amor que os tengo, antes os diera otros contratos que no quejarme de vos y en este artículo no quiero decir más.

Cuanto a lo que, señor, decís que tenéis en tanto publicaros por procurador a Hernando Cortés como si os diesen un oficio del Consejo Real, digo que tenéis razón porque la negociación es de calidad que sufre que cualquiera bueno lo sea y no digo yo que sólo os denunciéis por su procurador más por deudo como lo sois. Y lo que yo en este caso he dicho ha sido y es porque querría que do vos estáis fuésedes el todo e ninguno os echase el pie delante porque, demás de hacer lo que sois obligado, mi fin es que mi hijo dello tenga noticia porquel provecho que se ha de dar a los extraños que lo hayáis vos y por esto os he dicho que quería que os publicásedes y señalásedes por su procurador y agora ansí os lo torno a rogar y a decir en las cosas que vos veáis que dello allá hay necesidad y pues los negocios están agora en estado que por vía de Juan de Ribera están hechas las diligencias necesarias que bastan, parésceme que a lo presente Juan de Ribera basta y en su defeto, viendo que hay necesidad, vos no debéis de aguardar a él porque aún en esta carta escrebís que Juan de Ribera es ido a Valladolid, como quien no le pena mucho los negocios, y dígolo, por habiendo necesidad de su persona de causa de los negocios de Diego Velásquez y Garay, siendo de tanta importancia no fuera razón dejallos; y en tal caso os digo yo que os mostréis parte por que no se deje de responder en tiempo; y lo que decídes convenía dar la petición en nombre de Juan Núñez y no en el vuestro bien me paresce, mas no lo dije yo por solo aquello sino por el tiempo que estuvo Juan de Ribera fuera de la Corte, ni tampoco digo que hagáis cosa con que se resabie Ribera, pues decís que anda bueno. Él me envió los traslados de las peticiones de Diego Velásquez y de lo quél había respondido y mucho os podéis aprovechar desa carta del obispo de Burgos que os envié porque da larga relación de lo que pasa y es todo cierto y por ella veréis cómo fueron tres[134] los vecinos de Caba[135] *(sic)* los que descubrieron la tierra y en la respuesta de Ribera no diz sino uno. Debéis dejar en vos un traslado della para algunas cosas que se ofrescan y mostralla al señor dotor cómo os escribí y aun al Emperador, y esto paresciéndole al señor dotor y a vos y Juan de Ribera, y a quien os paresciese aprovecharía mostralla. Bien creo que si no hay falta dé respuesta en lo de Diego Velásquez y se le responde lo que es razón y justicia que será como el gallo, que escarbando descubrió el cuchillo con que le degollaron, porque la merced que se le hizo fue porque certificó haber él descubierto la tierra siendo la verdad que en contrario, antes meresce pena que galardón pues no dijo la verdad.

---

[134] Francisco Hernández de Córdoba, Cristóbal Morante y Lope Ochoa de Caicedo fletaron dos navíos y un bergantín de los que fueron pilotos Antón de Alaminos, Camacho de Triana y Juan Álvarez, *el Manquillo*. Como veedor en aquella expedición fue Bernardino Íñiguez. Bernal Díaz del Castillo, cap. I.

[135] Así en el original, se refiere a Cuba.

En lo de Garay habéis de decir cómo nunca tovo la tierra de paz, mas antes los echaron de la tierra dos veces[136] con mucho daño de los cristianos y y *(sic)* que Cortés los conquistó y por fuerza los sojuzgó y trajo al servicio de Su Majestad y oí decir que le habían sacado en condición que no viniesen [a] aquella tierra los de Garay y porque temía que por el daño que les había hecho que serían dellos maltratados y también hicieron relación que lo había descobierto y tenía la tierra de paz, siendo la verdad en contrario. Y en estos dos negocios debéis tener mucho cuidado pues veis lo que en ello va y aviso que no den petición que no lo sepáis. En esa carta del obispo diz que cuando se hizo tenía para Su Majestad cincuenta mill pesos, segund la fecha ya serán más de cien mill y para esto me paresce aprovecharía ver la carta, que paresce que tiene cuidado de servir a Su Majestad y porque no sé si podré escrebir a Ribera, porquel mensajero estaba el pie en el estribo, decilles *(sic)* que yo le escrebiré presto, que no descuide en lo de Diego Velásquez y Garay prencipalmente y que en el primero navío que vaya enviaré las cartas que me escribió y los traslados que me envió al gobernador y aun a vos no podré escrebir lo que quisiera.

Lo que después desos dos casos de Diego Veláz[quez] y Garay principalmente habéis dentender es en cobrar esos dineros que debe el rey pues veis lo que va en ello y decillo al rey si no hobier otro remedio, diciendo cómo los envió para que le enviasen cosas nescesarias para aquella tierra, las más perentorias que allá os parescier de manera que se cobre o que den una cédula de Su Majestad para el primero que venga de las Indias, inrrevocable siendo posible, porque teniendo aquélla no faltarán amigos que nos presten y, si dijere que por qué pedís juro teniendo nescesidad de los dineros, diréis que por ser pagados para lo volver a vender con pérdida para sacar los dineros para enviar lo que envía a pe-

---

[136] Sobre la suerte de Francisco de Garay dijo Gómara: "... fue a Pánuco el año 18, y los de Chila lo desbarataron ... Tornó allá con más gente al otro año siguiente, a lo que algunos dicen, y también lo echaron por fuerza de aquel río. Él entonces, por la reputación, y por haber la riqueza de Pánuco, procuró el gobierno de allí. Envió a Castilla a Juan López de Torralba con información del gasto y descubrimiento que había hecho; el cual le hubo el adelantamiento y gobernación de Pánuco. Armó en virtud dello, el año 23, nueve naves y dos bergantines". Francisco López de Gómara, pp. 325-326.

dir y lo que más os parescier se debe decir y en esto no haya dilación sino que lo lleguéis al cabo; y no sé para que tomastes los dineros del juro pues no estaba concertado y todavía digo que si la Corte se llega algo acá que habré de llegar allá[137] porque como os he escrito no me queda otra hacienda sino aquélla y val más poner recaudo en lo cierto que en lo dudoso y todo os lo remito como a quien está presente.

No me escrebís en qué paró lo de las alcaidías, debéis dar priesa a Ribera que la dé en la respuesta de los capítulos que tiene dado, en especial en lo de las mercedes de las provincias que pide pues eso y más tien servido, porque me escribió que hasta que escriba[n] los oficiales que el rey envió y no me paresce se debería aguardar aquello, en especial estando servido como digo y teniendo buena voluntad Su Majestad que es el todo.

Cerca del casamiento de mi hijo decís que terníades tales formas como os acometiesen, siendo posible bien me parece tanto que primero estéis satisfecho de la nobleza y virtud de la persona, que esto es lo principal, más que dineros y porque yo no tengo cosa que tanto desee como vello[138] casado en mis días por encaminarle lo que cumple que había pensado de escrebir sobrello al señor dotor porque tengo por muy cierto, según su mucha nobleza, que se encargaría de casalle por su mano y que siendo por su mano mi hijo no rescibiría engaño, mas antes sería honrado y aprovechado y ahora le escribiera si hobiera tiempo y que viérades la carta y si os paresciere que se le diese dalla y si no no y escrebidme si os paresce le debo escrebir puesto que en este caso querría toda la brevedad posible. Decís que hablastes vos y Melgarejo sobre la cuñada de Cobos y no decís lo que os paresció; por me hacer merced en esto con mucha sagacidad y diligencia entendáis en ello, pues va en ello lo que veis, y nos descuidéis en ninguna manera y mucho me satisfaría de lo que el señor dotor en este caso guiase y mi hijo y yo lo serviríamos. Quisiera estoviera ahí la señora doña Beatriz para se lo suplicar lo pidiese por merced al señor dotor y porque el conde[139] y Monroi traen pleito

---

[137] Don Martín ya había manifestado a su sobrino el interés por ocuparse de aquellas gestiones personalmente en la Corte, como se comprueba en la carta de 22 de mayo [1524]. Véase doc. 8.

[138] *vello*: verlo.

[139] Don Juan Portocarrero si se trata del conde de Medellín.

no faltarán mensajeros. Ésta lleva el procurador del señor conde, sabe[d] su posada y rogadle que os haga saber cuando hiciese mensajero, que Monroy al señor Burgueño ha descrebir, dél sabréis cuando hobier mensajero, al cual y a la señora su mujer beso las manos que por falta de tiempo no le escribo, que yo le escrebiré; y si por si caso ésta tomar a la señora doña Beatriz en la Corte y os parescier sería bien dalle parte deste negocio, que lo suplicase al señor dotor se encargase dello, suplicárselo de mi parte y decir como, pensando que no estoviera ahí, no le escrebí sobrello y todo os remito y encargo. La solecitud desto nos desaidéis[140] *(sic)* si os paresciere hay nescesidad dar parte a Ribera si no como a vos os parescier.

En lo de mi sobrina, si pensáramos que tres mill ducados bastaran hablárase en ello puesto que creo que todo lo nuestro, despúes de nuestros días, ha de ser suyo si mi hijo no vien a heredallo, que sería más que el prencipal. Uno nos traen de Trujillo con CL mill de yerba que con dos mill ducados se contentará y todo, lo uno y lo otro, le remito.

No me escrebistes lo que sentistes que negoció el fray Pedro Melgarejo nin menos si había de volver ahí y cuando. Tened mucho cuidado cuando vinier de dalle mi carta y procurar luego la respuesta porque hay nescesidad della sin que lo sienta, so color[141] que tenéis mensajero. Sagredo, el que vino ahora de las Indias, escribe a Ribera con este alcalde mayor que el conde tenía aquí; querría que trabájasedes por ver lo que escribe puesto que ha muchos días que partió de allá.

Vuestros hermanos partieron a cuatro o cinco de mayo,[142] no he sabido más dellos. Escribieron a Juan Núñez como por sus cartas veréis, a ellas me remito que con ésta os las envío, que me las envió Juan Núñez. No tenemos nuevas, sino que vien un caballero que fue con Francisco de las Casas, con quien escriben largo. El alcalde de Castilnovo envía allá, cómo Plaza os escribe, por amor de mí que entendáis en ello como si a mí me tocase. A la señora, si a[hí] estovier beso las manos y que yo le

---

[140] Tal quiso escribir "descuidéis".

[141] *so color*: "con el pretexto de".

[142] Información sobre la partida de aquéllos se la había facilitado desde Medellín en la carta de 22 de mayo [1524]: "De lo de vuestro hermano y cuñado están buenos y creo se partieron a cuatro de mayo porque Pedro de Paz me escribió a dos de mayo ...".

escribiere[143] *(sic)* a Salamanca como mandáis. Hanme dicho que Albornoz[144] iba haciendo desde Santo Domingo cierta inquisición contra Cortés, no sé qué fuese la caus[a]; siempre me pesó por la ida de aquel que es vil hijo de un herrero, no puede hacer sino como quien es, mas en el cabo no lo tengo en nada porque no puede hallar en qué dañe. También me dijeron que en Sevilla dijo ciertas bellaquerías de vuestros hermanos no sé por [qué] lleva dañada la voluntad sino por usar de quien es, mas Dios no le dará lugar a sus maldades.

Nuestro Señor os guarde y debo[145] *(sic)* que, señor, deseáis. De Medellín, a XXI de junio, el que como por hijo hará lo que mandardes. Martín Cortés.

El sobrescrito de la cual dicha carta decía así: Al noble señor, el señor licenciado Francisco Núñez, relator del Consejo Real de Su Majestad, en Burgos, en la posada del señor dotor Carvajal.

---

[143] Tiene más sentido si se lee "yo le escribiré".

[144] Rodrigo de Albornoz, contador de Nueva España. Del envío de oficiales reales dio cuenta don Carlos a Cortés en la carta de 15 de octubre de 1522. *Documentos cortesianos*, vol. I, pp. 254-256.

[145] Probablemente el amanuense quiso escribir "dé lo".

[1524], septiembre, 19. Medellín.

Carta de Martín Cortés al licenciado Francisco Núñez interesándose por las gestiones realizadas para el casamiento de su hijo con la cuñada de Cobos y comunicándole que también escribe sobre ello a fray Pedro Melgarejo y a Juan de Ribera.

COPIA. ARChV, Pleitos Civiles, Zarandona y Balboa, Olvidados, Caja 145-2, fols. 79r-82v, tamaño folio, letra cortesana. Traslado sacado en Valladolid, el 11 de agosto de 1545, por el escribano Juan Vázquez.

Virtuoso señor:

Recebí su carta y las cartas para la *(sic)* Luis Hernández Dalfaro y la sobrecarta de Su Alteza, las cuales envié luego a Sevilla. No ha venido respues[ta] y venida os lo haré saber y lo que Luis Hernández hobier por bien cerca de vuestros dineros, por mí no los perderéis.

Replicar a los descargos que dais sería para mí acabar y brevemente digo: que pues no era menester para lo que se había enviado, que no era razón de los quitar de allí y que pues es hombre que andaba por ferias que dejara mandado en su casa que cada vez que se pidiesen los diesen, cuanto más habéroslo escrito dos o tres veces cómo me había pesado dello y que los volviésedes, porque si otra cosa hiciésedes me pesaría dello, y más sabiedo[146] *(sic)* cuan lejos estaba la conclusión del despacho y no lo quesistes hacer. No quiero decir más, que no bastaría ningún papel. La conclusión desto que es que si os los pidiere de Burgos que se los deis y si no que no se llegue a ellos en ninguna manera.

A lo que decís que me quejo porque escrebís breve sería porque no me acabaríades de decir algo de lo que comenzásedes, que no por escribir largo, que antes he yo placer que me hagan saber todas las cosas y en esta

---

[146] Tiene sentido si se lee "sabiendo".

carta decís que tenéis comenzado a enhilar lo del casamiento con la cuña-da de Cobos que fuera ron[147] *(sic)* escribiérades el cómo, por que yo viera el camino que llevábades y por esto tal diría yo que escrebís corto. Y, por-que sobre esto del casamiento os escrebí largo y a fray Pedro y a Juan de Ribera —no sé si os dieron las cartas, que fray Pedro dijo que no la había recebido, creo que era ya salido de la Corte— y despúes escrebí con el hijo de Hernando de Xerez, que ya habréis visto y, porque sobrello escre-bí largo y a Juan de Ribera, hasta saber lo que os parece no hay más cer-ca desto que decir sino que es la cosa que yo en este siglo más deseo y que-rría que sin ninguna dilación se concluyese porque yo tengo por muy cierto que lo que yo y su madre hiciéremos complirá sin falta, que yo ten-go carta desto. Yo mucho quisiera que nos acometieran que no que nos digan: "ayúdeos Dios" y como allá mejor os parescier así haced.

Cerca de lo que decís que teníades sacada una provisión sobre lo de las alcaidías y que de causa de los testimonios que han levantado a mi hijo y que uno fue parte para la estorbar, basta el testimonio del escribano, aunque quisiera yo que fuera más en forma, el cual envié luego a la Nue-va España y aquello basta.

Decís que escriba que con toda la más brevedad posible envíe oro a Su Majestad, harto mal sería si no viniese antes. La caus[a] por que se ha dilatado no es sino el temor de los franceses y aun estoy sospechoso que los oficiales que fueron han sido causa de la dilación, no es posible tardar a razón.[148]

Sagredo me escribió, hoy día de la fecha, cómo habí[a] trabajado por saber alguna nueva y diz que ninguno diz cosa cierta y esto llegado al cabo como lo sabe, que lo oí decir y más dicen que es muerto Garay,[149]

---

[147] Se entiende mejor si se lee "razón".

[148] El silencio de Cortés, tras el robo por parte del pirata Florín de los objetos pre-ciosos que había enviado al emperador, alimentó los comentarios sobre su posible de-fección, pues "... no volvió, apesadumbrado y lleno de dolor por tamaña desgracia, a escribir al monarca ni a nuestro Consejo, a pesar de las muchas personas que de allá re-gresaban". Pedro Mártir de Anglería, Década VIII, lib. VI, p. 685.

[149] Gómara relató aquellos hechos de la siguiente manera: "Fueron ambos a maitines noche de Navidad del año de 1523; almorzaron tras la misa con mucho regocijo. Garay sintió luego dolor de costado con el aire que le dio saliendo de la iglesia; hizo testamen-

otros que están muy amigos y que han consogrado[150] de manera que cuanto allá se ha dicho es maldad y yo espero en Nuestro Señor y en su gloriosa madre que presto vendrá la verdad de todo. Asimismo me escribió cómo el señor Pero Suárez tenía buena voluntad, mas que no había oro para los salarios de los oficiales, que cuanto de allá escriben que por otra parte escriben es contrario. Cuando Sagredo escribió no era llegada la sobrecarta de su Alteza, bien sabía yo que no había dinero en la Casa mas no se pierde nada, podría ser venir ya corriendo con la soguilla que aprovechase.

A lo que decís que pluguiera a Dios que toviera el señor dotor alguna cosa suya para nos dar todos nos halláramos dichosos. Asimismo diz fuera bien tener prendado al axav[151] *(sic)*, a todos los quisiera yo tener prendados, mas de lo que yo he rescebido, que Juan de Ribera trajo, antes que saliese de Sevilla gastó sobre un cuento y de lo que me dio Luis Hernández, sin lo que yo pagué en dos meses que estuve en Sevilla, me envió en su cuenta, gastado por su mano, sobre un cuento de maravedís; sin lo que hemos dado a huérfanas y cautivos son cerca de dos mill ducados. Yo he comprado yerba en más de dos mill ducados, pues el gasto de mi casa es muy grande, y certifícole que del oro que Juan de Ribera me dio, que grand parte dello no llegó el castellano a florín. Doos[152] esta cuenta por que veáis si tengo razón de procurar lo que me deben, que no tengo otra cosa. Una guarnición tengo, háceseme poco para la *(sic)* Laxao, consultaldo *(sic)* con Juan de Ribera, mas todavía me paresce poca cosa.

Ya os he escrito lo que me paresce sobre lo del casamiento que debéis hacer. En ésta decís que querríades se hiciese otro con mi sobrina. A esto le hago saber que está empeñada la palabra con un caballero de Trujillo, que bien me parescía lo que diz del sobrino de Cobos. Decís que todavía tenéis esperanza del juro y sigún razón habíala de haber mas, sigún ha-

---

to, dejó por albacea a Cortés, y murió quince días después; otros dicen que cuatro...". Francisco López de Gómara, p. 329.

[150] Alude al vínculo establecido entre ambos por el matrimonio que concertaron de Catalina Pizarro y el primogénito de Garay. Como marido de ésta trata Cortés a Antonio de Garay en una carta al licenciado Núñez fechada en Sevilla el 20 de febrero [1530]. Hernán Cortés, *Cartas y memoriales*, pp. 165-166.

[151] Probablemente se transcribió mal el nombre que más adelante aparece escrito como Laxao. Si es así, se está refiriendo a Charles de Poupet, señor de La Chaulx.

[152] Forma utilizada para "os doy".

béis escrito cómo los contadores o señores que lo han de hacer dicen que sin cédula del Rey no lo darán y con el rey que es inconviniente decírselo porque está bien con el gobernador, de manera que no sé por donde tengáis esperanza en una cédula. Decís que el dotor compra cierta hacienda en Salamanca, que le faltan cuatrocientos o quinientos mill maravedís que os parescía sería bien decille que hiciese cobrar estos dineros y que tomase dellos prestados las cuatrocientos o quinientos mill maravedís que decís. A esto digo que me paresce bien, que más quisiera tenellos para dárselos que no desa manera, mas si su merced es dello servido que yo rescibiré merced en ello.

La negociación, Melgarejo me dio larga relación y diz que no quedó sino porque pedía dineros para llevar navíos bastecidos por ocho meses y dijo cómo —el dotor y Cobos en la cámara del rey— le despidió Cobos no por más sino que le dijo: "parece que no tenéis ganas de servir a Su Majestad en esta jornada, dejaldo". Ves cómo no se haz como cumple a los señores que si el rey lo supiera no diera logar a que por tan chica causa dejase de hacer tan gran servicio. No habría por mucho lo de[s]baratase si por caso de los oficios quedaba a gobernador, toviese él alguno o esperanza de habello. Yo escribo a Juan de Ribera si hallar algún entrada vuelva a la negociación, que nosotros daremos para el camino; condicionalmente que tomen en cuenta todo lo que trajere a Su Majestad y lo que allá de Su Majestad hobier, aunque se pierda, y que sobre aquello se complirá la copia o suma que concertare[153] y parésceme sería bien apertalle luego pues lo que se ha dicho no hay cosa por do se dé crédito que así como no puede ser, puede ser, puesto que en lo cierto yo creo es gran maldad. No sé cómo se osa decir tales cosas, no se sabiendo, a Su Alteza y a los señores del Consejo. Plega a Nuestro Señor aclararlo y como deseamos. Parésceme que para volver a la negociación, que pues el señor dotor y Cobos entendía en ello, quel señor dotor podría decir si aprove-

---

[153] Los términos en los que se expresa don Martín "se complirá la copia o suma que concertare" están en relación con lo narrado por algunos cronistas sobre cierto ofrecimiento hecho por Ribera al emperador y en el que también habría participado fray Pedro Melgarejo. Francisco López de Gómara, p. 349, dice que ascendió a 200 000 mil ducados, y Anglería recogió 200 000 mil pesos, Pedro Mártir de Anglería, Década VIII, lib. X, p. 722. Antonio de Herrera, Década III, lib. VII, cap. IV.

charía y diría el camino que se había de llevar, no sé si lo querría decir el señor dotor. Siendo posible sabello dél, esto es lo más cierto.

Al señor Burgueño y a la señora su mujer beso las manos a la cual de Nuestro Señor la salud que desea y que yo le escrebí respuesta con el hijo de Xerez, criado del señor duque de Alba, el cual me trajo otro despacho que enviastes, ya ternéis allá las cartas. Este hijo de Xerez dijo que había dado en Villoria, en casa de Gonzalo Rodríguez, la jarra del estoraque;[154] yo escrebí que si fuese viva que se lo enviasen, que vuestra madre y vuestra mujer me escribieron les enviase, y certifícos que ha sido tanta la prez a demandadores que no ha quedado nada y mi mujer es la que más necesidad dello tiene que cuantas nacieron, que de Salamanca se lo traían y de Sevilla, porque en esta[n]do sin ello luego la tenemos como muerta mas, si no se cobrar lo de Villoria hacémelo saber y deso que tovier mi mujer les enviaré.

El padre fra[y] Pedro me dio larga cuenta de un oro que trajo de mi hijo y cuando se tomó el oro a los otros se tomó aquello, lo cual vino registrado en nombre de uno de Sevilla, que no me acuerdo su nombre, y asimismo tomaron lo que [a] aquel enviaban y envió poder al señor García de Lerma para que todo lo cobrase en juro y así lo cobró, como por el previllejo que envío a Ribera veréis, y para en parte de pago de lo mío sacaron cien mill de juro en Córdoba, en cabeza del señor Lerma. Fray Pedro escribe al señor Lerma me haga renunciación en mí dellos y asimismo le escribe cómo se pase do yo señalar. Yo lo querría en las alcabalas de las yerbas de Trujillo porque cabe bien y es cerca de aquí y porque esto está muy secreto, que no se conosce otro dueño sino el de Sevilla, es menester a persona del mundo se dé parte sino entre vosotros y, si al tiempo de la traspasación de necesidad se haya de dar parte a quien mire en ello, escríboles que digan que me lo vende y que toma en precio toda la deuda que Su Majestad me debe por dos cosas: la una porque son cien mill maravedís más de lo que costó el juro, que fue a catorce; lo segundo porque quier más los dineros que juro y lo más que allá a todos os paresca que haz al propósito. Y esto creo es todo en los oficiales de los contadores y, por

---

[154] *estoraque*: bálsamo muy oloroso usado en medicina y perfumería y que destila el árbol así llamado. DRAE.

que éstos con mejor voluntad y brevedad hagan esto, se les ha de prometer algo y no sea tan poco que les ponga tibiez y para esto escribe fray Pedro a Nicolao de Grimaldo que de lo que para esto fuer menester lo dé. Daréis todas las cartas a Juan de Ribera y el previllejo, que él las dará, y habla con Juan de Ribera y todos trabaja[d] cómo se despache lo más presto que sea posible antes que la Corte se mude y ved estas cartas que envía fray Pedro y así las dad a Juan de Ribera y, cómo a éstos pagaron en juros, más justicia y razón había que os pagasen a vos. En esto se ponga mucha diligencia con el mayor silencio posible por que no sepa cúyos son y de lo que desto sintierdes me hace[d] luego saber, porque el padre me certificó que no se haría sino lo que yo escribiese, y yo así lo creo, porque el señor Lerma es muy hombre de pro y lo que más os encargo es la brevedad. Este mensajero se despache luego, que va por días. Hoy, día de la fecha desta, me dio un criado del señor dotor una carta vuestra, que le diese una para mi hijo y luego se la di, creo que cuando llegue que serán partidas las naos porque ha más de X días que ésta espera tiempo en el puerto.

En los capítulos que Juan de Ribera envió demandaba que Su Majestad mandase dar su provisión para que dejasen sacar caballos, yeguas y todos los bastimentos de la isla de Santo Domingo para la Nueva España.[155] Respondieron que ya estaba proveído, debríase[156] sacar si no está sacada para que la enviásemos.

Al presente no se ofrece otra cosa que le hacer saber. Si escrebir *(sic)* a la señora su mujer escríbale que le beso las manos y lo que pasa del estoraque. Nuestro Señor su muy noble persona guarde y prospere como, señor, desea. De Medellín, a XIX de septiembre, déste que queda a vuestro servicio. Martín Cortés.

El sobrescrito de la cual dicha carta decía así: Al muy virtuoso señor, el señor licenciado Francisco Núñez, relator del Consejo real de Su Majestad, en la Corte o en la posada del señor dotor Carvajal.

---

[155] Cortés aprovechó la *Cuarta relación*, fechada el 15 de octubre de 1524, para quejarse al monarca de que los oficiales de La Española habían prohibido la exportación de yeguas a Nueva España.

[156] Así en el original por "deberíase".

[1525], enero, 18. Medellín.

Carta de Martín Cortés al licenciado Francisco Núñez informándole de diversos asuntos y recordándole que vigile lo que hace Juan de Ribera.
COPIA. ARChV, Pleitos Civiles, Zarandona y Balboa, Olvidados, Caja 145-2, fols. 103r-105v, tamaño folio, letra cortesana. Traslado sacado en Valladolid, el 11 de agosto de 1545, por el escribano Juan Vázquez.

Muy virtuoso señor:

La carta que con Francisco de Sagredo me envió recebí y en merced le ten[go] la diligencia que puso en lo del previllejo y poder. No me paresce que Lerma quiso hacer la renunciación. No salió cierto Melgarejo en lo que me dijo, que fue que no haría Lerma más de lo que yo le escribiese. No sé qué fuese la causa de mudar su buen propósito, si no fuese por ser el interese de la negociación que creo estaba hecho coma (?) más el previllejo, que me hacían entender que era menester cinco o seis mill ducados para el armada y que el resto del previllejo que Juan de Ribera lo cumpliría, todavía haciéndome creer que eran menester aquellos dineros y más; no sé por qué quería gastar tanto dinero lo que con una buena carabela se podía hacer. Hallaron inconvinientes para la renunciación, que no había que hacer sino otorgallo por ante un escribano, que no lo hallaba para alquemonedear *(sic)* el previllejo, Dios y el diablo los entienden. Yo estoy, en lo que me ha parescido de la negociación, que es en mucho perjuicio de la honra de mi hijo, que paresce que pone duda de la volunta[d] que mi hijo tien del servicio de Su Majestad y que se lo ponía por el interese de las mercedes de los capítulos, que es verdad que yo no veo en ellos cosa honrosa ni provechosa para mi hijo, que si yo la sintiera bien podrés creer piadosamente que hasta quedar en cárceles, que las mercedes de los capítulos —para ellas y otras mayores tiene hechas servicios— las cuales creo que está por hacer por falta de hombres buenos, que si Ribera quisiera negociar antes que el servicio se tomara y aun cuando Hordás dio lo que se escapó, que ge lo dijeron Hordás y Montejo, lo que pide fuera poco sigund la voluntad de Su Majestad; y si Ribera como diz que [*en blanco*] la negociación tanto a mi hijo y lo deseaba más que todos por qué lo dejó? pues Sagredo se le profirió con mill e quinientos ducados, que ellos bastaban y aun sobraran dineros, cuanto más que dijo que pornía él dos mill ducados por do parece claro que *super vesten mean miseran sorte*s *(sic)*.[157] Yo no alcanzo otra cosa, demás de otras cosas muchas, que sobre esto podría decir: "no podía esta negociación llegar a tiempo que es imposible tardar nuevas".

Allá os envío una carta que Alonso de Mendoza me envió de Sevilla, no puede ser que no vengan más nuevas puesto que como sabéis luego se haz correo a la Corte mas, si me escriben algunas que haya necesidad de hacer saber allá, luego las haré saber. Mostraréis esa carta a Juan de Ribera, que os envío de Mendoza, y asimismo le diréis que supe cómo don Pedro,[158] hermano del conde de Osorno, pasó a la Cor[te] como correo, sospecho que va a pedir algunas cosas de las Indias. Asimismo me han dicho que el señor presidente del Consejo de las Indias[159] es muy amigo del conde de Osorno,[160] podría ser pedir lo de Diego Velázquez o lo de Garay. Debéis estar sobre aviso en todo.

Sagredo me dijo cómo esperaba a fray Pedro, al cual escribe. Si quisie[se] convertir a Lerma que haga la renunciación solicitallo eys[161] con mucha deligencia de manera que haya efeto; por muerte o por vida creo que Melgarejo se lo hará hacer de que vea el nublado deshecho,

---

[157] Recuerda el texto bíblico "*Et super vestem meam miserunt sortem*": "y echaron suertes sobre mi ropa". Seguramente está tomado de la Biblia, *Mt* 27:35 o del *Sal* 21:19. Cortés utilizó la misma expresión en la carta que desde Tenochtitlan escribió al licenciado Núñez el 5 de agosto de 1531. Hernán Cortés, *Cartas y memoriales*, p. 227. La soltura de Cortés en el uso del latín la destacó Bernal Díaz del Castillo, cap. CCIV, al señalar: "cuando hablaba con letrados y hombres latinos, respondía a lo que le decían en latín".

[158] Pedro Manrique, hermano de García Fernández Manrique, conde de Osorno.

[159] García de Loaysa, nombrado primer presidente del Consejo de Indias el 4 de agosto de 1524.

[160] García Fernández Manrique, III conde de Osorno.

[161] Así en el original, por habéis.

que creo que todos eran en la conseja y, si vierdes que todavía vuelven a la negociación, con todas vuestras fuerzas lo desviad que no me pesaba por los dineros sino por ser, como dicho tengo, en perjuicio de la honra de mi hijo y de vos me maravilló mucho aprobar por buena la negociación; y si vierdes que hay necesidad de dar parte al señor dotor secretamente para lo desbaratar hacedlo en todo caso, que no es posible que en estas naos no venga alguna nueva, plega a Nuestro Señor dé como la deseamos.

Si por caso os dijere Ribera que le escrebí, entiéndese en la negociación, es verdad, porque el flaire me dijo muchas más cosas demás de las que me envió en los capítulos, en especial que daban la gobernación a mi hijo por su vida, que él me lo escribió, que eran cosas de mucha más importancia de los capítulos y porque pensé que no se encaramara tanto en el gasto del viaje [he] pensado que no quisiera más de lo justo, que bastará.

Por la carta de Mendoza veréis cómo diz que traen XX mill castellanos al rey, si no paga de allí nunca se cobra, será nescesario volver a pedir juro pues hay tanta razón.

Sagredo me dijo cómo le habíades dado LXI mill maravedís y en vuestra carta decís cómo Luis Hernández los ha de dar por las cédulas. Placer he yo que os socorráis a lo mío, mas no contra mi voluntad. Creo yo que si Luis Hernández os los prometió que lo cumplirá. Debéis desimular con Ribera y juntaros con él a los negocios por que sepáis lo que haced *(sic)* puesto que me [ha] escrito que hasta que escriban los oficiales no se ha dentender en ninguna cosa y do vos estáis no hay razón que de Ribera haya falta, que más razón hay que os duelan a vos las cosas de mi hijo que otro pues el deudo solo basta. Decid que si fuer menester ir con el rey irés no me paresce que quedando el Consejo de las Indias hay nescesidad, pues el rey no ha de proveer sin el Consejo.

En lo del casamiento bien me paresce no se hable en ello si por caso ellos no lo comenzasen. No hay quien esto mejor sepa que Samano. Ribera —me dicen que es muy suyo—, si quisiese, como que le pedía parescer puesto que de mi hijo no sabía si lo habría por bueno; desta manera se podría resumir algo puesto que con el ayuda de Dios viuda es que no le faltará marido.

125

Escrebistesme como el señor dotor tenía nescesidad de CCCC mill maravedís, que fuera bueno de los que el rey debe los tomara por que los hiciera pagar todos. Respodíos que me placía y que aun de los de mi casa teniéndolos holgara de dárselos, nunca más en ello hablastes.[162]

Ved esas cartas y cerradlas. Yo escribo con toda la blandura que veréis pues el tiempo lo padesce. Comomunica *(sic)* mucho a Ribera sólo por dalle priesa y por que sepáis lo que negocia. También querría que granjeásedes a Samano, que ya sabéis que puede aprovechar tan bien, no podría dañar vuestro oficio de las Indias, que aunque no fuese para lo de vuestro primo todavía terníades parte y sintiríades alguna cosa y aun Samano holgaría de os contentar. Estad todavía sobre aviso si vinier alguna maldad. Eso de la renunciación trabaja cómo se haga muy en forma de manera que no se pueda revocar puesto que yo quisiera mi previllejo por sí, costase lo que costase; dadle mucha priesa por muetro *(sic)* vida y porque la[s] voluntades de los hombres se mudan y en ninguna manera os descuidéis en esto. La diligencia de Córdoba se hizo muy bien.

Escrebístesme que os parescía sería bien se hiciese una cama para mí, pues que os paresce y sea muy buena y no muy grande, más de para mi mujer y para mí; escrebid lo que cuesta y enviároslo he y si por caso se ofreciese quien la trujese a Trujillo o a Cáceres en casa de Sancho de Figueroa o aquí, bien sería, yo pagaría la radura *(sic)*.[163]

Al señor Burgueño diréis cómo yo estuve con el señor Monroy y dijo que él cumpliría a los plazos, que son en fin deste mes y del de mayo, y que yo lo haré saber al señor su suegro en tiempo y que me perdone que no le escribo que estoy cansado de escrebir. No sé por qué Samano no quiso la taza que tancarome *(sic)*. En esta, al presente, no se ofrece otra cosa que escrebir sino que todo os lo remito como es razón. Si la señora doña Beatriz vino besadle las manos por mí y al señor Diego de Carvajal, al cual quisiera mucho ir a besar las manos a Trujillo y por mi mala dispusición no pude. Mi mujer se le encomienda muchas veces.

---

[162] Reitera don Martín lo expresado en la carta de 19 de septiembre [1524]. Véase doc. 10.

[163] Tal vez quiso decir que él asumiría los gastos del transporte.

Nuestro Señor su muy virtuosa persona guarde y prospere como, señor, desea. De Medellín, a XVIII de enero, déste que como por hijo hará lo que mandardes. Martín Cortes.

El sobrescrito de la cual dicha carta decía así: Al muy noble señor, el señor licenciado Francisco Núñez, en la Corte, en la posada del señor dotor Carvajal.

[1525], agosto, 4. Sevilla.

Carta de Martín Cortés al licenciado Francisco Núñez comunicándole que en la Casa de la Contratación se han retenido ciertas cantidades de Cortés y lo enviado por Rodrigo de Paz para su madre y su hermana.
COPIA. ARChV, Pleitos Civiles, Zarandona y Balboa, Olvidados, Caja 145-2, fols. 93v-94r, tamaño folio, letra cortesana. Traslado sacado en Valladolid, el 11 de agosto de 1545, por el escribano Juan Vázquez.

Muy noble señor:

Hará cuatro días que os escrebí cómo estos oficiales nos dilataban y escrebí confusamente por qué no se nos declaraban.[164] Agora recebí una carta de Su Majestad, cuya copia envío al duque, mi señor, y la podréis ver y demás de nos agraviar, también el agravio toca a las personas que vienen de aquellas partes porque todo lo toma. Escribo al duque, vos y Francisco de Montejo[165] dad la carta, y al señor don Álvaro e informalde del gran agravio que todos rescebimos para que lo hable al rey y vos, por

---

[164] Conocida la noticia de la llegada de los navíos que venían de la Nueva España don Martín se trasladó a Sevilla. Una de las dos embarcaciones enviadas en aquella ocasión, desembarazada de su cargamento, probó fortuna para llegar a la península sin ser apresada y dar aviso que la otra permanecía cargada en las Azores. Con Lope de Samaniego enviaron despacho a la Corte y se dispuso que se protegiese su viaje arribando a la península a finales de julio sin ser atacada. Se decía que el envío de lo remitido al emperador era de setenta mil pesos de oro. Pedro Mártir de Anglería, Década VII, lib. IX, pp. 712-713.

[165] Del viaje de los procuradores de la Nueva España, entre los que se encontraban Montejo y Diego de Soto dio cuenta el contador Albornoz desde México el 15 de diciembre de 1525: "tenemos nuevas que las carabelas que llevaron los dineros y presente con Diego de Soto y Montejo y el dicho Samaniego, el gobernador Hernando Cortés y los oficiales de V.M. le enviamos, llegaron en salvo a Sevilla en fin del mes de abril". Habían partido de Nueva España 13 meses antes, lo que sitúa su salida en noviembre de 1524. Joaquín García Icazbalceta, *Colección de...*, t. I, pp. 484-511.

vuestra parte, lo decid al señor dotor que sin duda este embarazo me viene a muy mala coyontura, así porque no podré enviar a mi hijo lo que me envía a pedir como para otras cosas y necesidades que podéis sentir. El señor Francisco de Montejo va allá en diligencia porque también le toca. Trabajad todos cómo esto no pase adelante y se remedie y escrebidme luego con correo lo que se hace o lo que pensáis que se despachará.

Demás de lo que viene cosinado en el registro para vos, Rodrigo de Paz envía dos mill pesos a la señora vuestra madre y ciertas joyas e otro partido o dos de oro y viene registrado juntamente con lo del gobernador y Su Majestad manda quel oro que viene para los ausentes se dée *(sic)* y Pedro Xuárez de Castilla dice que, pues viene en el partido del gobernador, que se ha de quedar con lo suyo y yo tengo más de mi hijo en que dice que vienen allí aquellos II mill pesos para vuestra madre que envía Rodrigo de Paz y él mesmo me lo escribe. Avisos[166] por que hayáis una cédula para que se dé a vuestra madre y haced relación a la nescesidad que tiene porque si lo de mi hijo no se volviere que lo de vuestra madre se cobre y más otro partido para vuestra hermana.[167]

No se ofrece otra cosa que os escrebir sino que a la señora beso las manos. Nuestro Señor guarde a vos y a ella como, señor, deseáis. De Sevilla, viernes, a cuatro de agosto, a lo que señor mandardes. Martín Cortés.

El sobrescrito de la cual dicha carta decía así: Al muy noble señor, el señor licenciado Núñez, mi sobrino.

---

[166] Se entiende mejor si se lee "os aviso".

[167] La madre del licenciado Núñez era Inés Gómez de Paz y la hermana a la que se alude Ana Núñez. Don Martín estuvo presente en el momento de la apertura del cajón en la Casa de la Contratación en cuyo interior una nota recordaba los nombres de los destinatarios: "... más ban en este caxón diez barras de horo de ley de dieciocho quilates, pesan dos mil DXXV pesos de la misma ley, se han de dar al señor Martín Cortés para que lo dé a su madre de Rodrigo de Paz". Aquella memoria estaba firmada por Diego de Soto, que había traído el encargo, y por Rodrigo de Paz. En 1531 Núñez recordaba que hacía seis años que se había tomado en la Casa de la Contratación aquel envío por lo que, ante la dificultad para conseguir su entrega elevó una petición al Consejo de Indias en Ocaña el 18 de febrero de 1531. El proceso se conserva en AGI, Justicia,1169,N.2,R.2.

[1525], agosto, 5. Sevilla.

*Carta de Martín Cortés al licenciado Francisco Núñez comunicándo-
le que el rey quería servirse de las cantidades enviadas por Cortés y
que trabaje cómo desembargarlas.*

COPIA. ARChV, Pleitos Civiles, Zarandona y Balboa, Olvidados,
Caja 145-2, fols. 106r-v, tamaño folio, letra cortesana. Traslado sa-
cado en Valladolid, el 11 de agosto de 1545, por el escribano Juan
Vázquez.

Muy noble señor:

El otro día os escrebí haciéndos saber cómo los oficiales desta Casa[168] nos
dilataban el entregar del oro e cosas que mi hijo envía y lo quesos[169] señores procuradores[170] traen y avisábaos que trabajásedes de saber si había
algún embargo por parte de Su Majestad y escrebí al duque y al señor
don Álvaro para que si le hobiese trabajasen de lo desembarazar y, después de haberos escrito, rescebí una carta de Su Majestad por la cual
me dice que se quiere servir e tomar prestado el oro y plata que mi hijo me
envía y, pensando que Montejo se partiera con diligencia, torné a es-
crebiros y también al duque y envié el treslado de la carta de Su Majestad y parece que no pudo partirse, y estas cartas lleva fray Pedro Melgarejo, que va allá por mandado de Su Majestad, y lleva muy encargado
de se quejar por mi hijo del agravio que se le hace y, porque se tardará
algo en el camino, acordé hacer correo propio y escribo al duque y al se-

---

[168] Casa de la Contratación de Sevilla. Para su funcionamiento se dieron las primeras
ordenanzas en Alcalá de Henares el 20 de enero de 1503. Todas las mercancías procedentes de las Indias eran recibidas por el tesorero en presencia del factor y del escribano
o contador de la Casa.

[169] *quesos:* que esos.

[170] Francisco de Montejo y Diego de Soto. La relación de aquellos objetos y presentes para el rey consta en *Documentos cortesianos*, vol. I, pp. 296-303.

ñor don Álvaro, y digo que vos informaréis a su señoría del agravio que se hace a mi hijo y a estos señores y pues vos le veis tan claro no hay nescesidad de deciros más de que consideréis si es razón que, enviando mi hijo a Su Majestad lo que en aquellas partes le ha ganado tan a su peligro y costa y demás de aquello muchas y buenas cosas, le tome agora Su Majestad lo que él envía para sus gastos y necesidades que sin duda aunque enviara dos veces más sería bien menester segund su gasto y lo que envía a pedir. Trabajad, señor, pues entendéis el negocio, cómo se desembargue pues como presente sabréis con quién se ha de negociar.

Demás del partido que viene en el registro para vos venían abueltas *(sic)* dos mill pesos de oro que Rodrigo de Paz, vuestro hermano, envía a la señora vuestra madre demás de otros quenientos o más que envía a vuestra hermana[171] y, aunque Su Majestad manda que se vuelva el oro de particulares, salvo lo de mi hijo y lo de los procuradores, aquéllos dos mill hanlos tomado con los de mi hijo porque vienen con ellos registrados y hoy día de la fecha se entregaron los otros. De todo el oro de mi hijo e asimismo de los dos mill y tantos trabajad cómo os los mande volver Su Majestad, porque ya veis el agravio que es. Todavía acordé enviaros el treslado de la carta de Su Majestad para que la vea el duque y diga a Su Majestad que no consienta tal agravio.

No se ofrece otra cosa que os escrebir sino que a la señora beso las manos. Nuestro Señor vuestra muy noble persona guarde y acreciente como desea. De Sevilla, cinco de agosto.

Ribera os besa las manos y porque os ha escripto dos veces no os escribe, la una con las cartas que yo os envié, la otra con fray Pedro. A lo que, señor, mandardes. Martín Cortés.

El sobrescrito de la cual dicha carta decía así: Al muy noble señor, el señor licenciado Francisco Núñez, en la posada del dotor Carvajal.

---

[171] Se refiere a Ana Núñez y a su madre Inés Gómez de Paz.

132

[1525], agosto, 21. Sevilla.

Carta de Martín Cortés al licenciado Francisco Núñez dándole cuenta de lo escrito al duque de Béjar pidiéndole que acalle las maldades que se digan sobre Cortés.

COPIA. ARChV, Pleitos Civiles, Zarandona y Balboa, Olvidados, Caja 145-2, fols. 92v-93r, tamaño folio, letra cortesana. Traslado sacado en Valladolid, el 11 de agosto de 1545, por el escribano Juan Vázquez.

Muy virtuoso señor:

Dos cartas he recebido y vi lo que por ellas decís que se ha hecho y la voluntad que hallastes en esos señores. El señor don Álvaro me escribió cómo tenía buen esperanza, yo así confío en la misericordia de Dios lo proveerá y se hará bien. Juntaos con el señor don Álvaro y trabaja todo lo posible. Yo he escrito por dos partes al duque,[172] mi señor, muy por extenso y cómo respondí cómo enviaba mi hijo este oro y plata para llevar a su mujer[173] y que, si no fuera por esta necesidad, que mi hijo y yo recebíamos merced en que Su Majestad se sirviese dello y que no quisiera sino que fuera docientos mill pesos; y pues yo tengo escrito al duque, y esto es de la señora doña Juana, él proveerá lo que más convenga como quien lo sabrá mejor que nadie hacer, de manera que mi parescer es que poco ni mucho no entendáis sino lo que el duque os mandare. Si fuere venido idle a besar las manos. Yo pienso me despacharé, Dios mediante, de aquí esta semana, Dios mediante, y el

---

[172] Álvaro de Zúñiga y Guzmán, duque de Béjar.

[173] Se refiere a doña Juana Ramírez de Arellano y Zúñiga, sobrina del duque de Béjar. Gómara puntualiza que "Envió veinticinco mil castellanos en oro y mil quinientos cincuenta marcos de plata a Martín Cortés, su padre, para llevarle a su mujer, y para que le enviase armas, artillería...; pero todo lo tomó el Rey", Francisco López de Gómara, p. 349.

tiro[174] y tigiyyto[175] *(sic)*, que esto nos ha detenido, que no hallábamos en qué lo llevar.[176] Montejo se parte mañana para allá. Diego de Soto[177] también se partirá esta semana con las cosas de servicio, de manera que no quedará aquí ninguno.

El señor duque deseo mucho que viniese a la Corte porque si algunas maldades se dijesen, que dijese a Su Majestad que no criese[178] sino a los servicios y obras del gobernador, las cuales tienen merescimiento sin

---

[174] Con el término "tiro" en la época se designaba una pieza de artillería. Don Martín alude a la famosa culebrina de plata que Cortés envió al emperador con Diego de Soto y en la que ordenó grabar la leyenda: "Aquesta nació sin par; yo en serviros sin segundo; vos sin igual en el mundo" que tantos comentarios suscitó en la Corte.

[175] Tal vez se quiso escribir tigrecito pues sabemos que Cortés también envió en aquella ocasión un jaguar hembra criado en la bodega desde que era cachorro, y sabemos también que en el Nuevo Mundo no había tigres, pero los europeos llamaron así a los jaguares, los felinos más grandes del continente americano. Así lo narró Anglería al arzobispo de Cosenza desde Madrid el 4 de marzo de 1525, Pedro Mártir de Anglería, *Epistolario*, pp. 393-394. El interés de Cortés por los animales exóticos no era nuevo pues en los navíos en que vinieron Juan de Ribera, Alonso de Ávila y Antonio de Quiñones en 1522 embarcó tres "tigres", dos de los cuales murieron en la travesía y el tercero llegó vivo a las Azores. *Ibídem*, pp. 283 y 303. De nuevo, el 23 de noviembre de 1527, comunicó a su padre desde Huejotzingo el envío de un cachorro de "tigre" "porque demás de ser muy lindo es muy manso y andaba suelto por casa y comía a la mesa lo que le daban y por ser tal me pareció que podría ir en el navío muy seguro y escaparía éste de cuantos se han muerto". *Documentos cortesianos*, vol. I, p. 480.

[176] De lo dicho por don Martín se deduce su intención de llevar el tiro a la Corte, aunque en el destino de la pieza se ha seguido tradicionalmente lo dicho por Bernal Díaz del Castillo, cap. CLXX: "... y por qué *(sic)* no pasase de Sevilla la culebrina, tuvimos nueva que a Don Francisco de los Cobos, comendador mayor de León, le hizo su majestad merced della, y que la deshicieron y afinaron el oro, y lo fundieron en Sevilla, e dijeron que valió sobre veinte mil ducados". Anglería, informado por Lope de Samaniego, puntualizó que la pieza no era de oro, sino que tenía una ligera capa de aquel metal. También se ocupó de aquel envío Francisco López de Gómara, pp. 348-349.

[177] Cortés le confió traer a la península la *Cuarta Carta de relación*, firmada en Tenochtitlan el 15 de octubre de 1524. El texto se encontraba en manos del rey en los primeros días de noviembre de 1525, pues en la carta que don Carlos escribió a Cortés desde Toledo el 4 de ese mes le daba cuenta de la recepción de la misma: "Vi vuestra letra de quince de octubre del año pasado de mil e quinientos e veinte e cuatro años, que con Diego de Soto e los procuradores de esa Nueva España me escribistes, que ansí mismo la relación larga e particular que con ella me enviastes de las cosas de esas partes de lo sucedido...". *Documentos cortesianos*, vol. I, pp. 344-345.

[178] *criese*: creyese.

comparación porque su Señoría se las sabría bien decir y Su Alteza le oiría y respondería.[179] Si fuese posible haber alguna posada, costase lo que costa muy goaba *(sic)* enseria (?). Al presente no se ofrece otra cosa que decir sino que a la señora beso las manos y al señor Burgueño que yo trabajaré de llevar sus dineros. A mi señor don Luis beso las manos de su merced, que le suplico me perdone por que no le escribo que ando tan desatinado que no sé lo que hago y que presto, Dios mediante, le iré a besar las manos. De Sevilla, XXI noche de agosto, do quedo, a lo que señor mandardes. Martín Cortés.

El sobrescrito de la cual dicha carta decía lo siguiente: Al muy virtuoso señor, el señor mi sobrino, el licenciado Francisco Núñez, en la Corte.

---

[179] No defraudó su actitud a don Martín si tenemos en cuenta aquellas palabras con las que el duque y otros destacados caballeros acallaron los comentarios suscitados por la famosa inscripción que se grabó en la culebrina: "No se maravillen que Cortés ponga aquel escrito en el tiro. Veamos ahora, ¿en nuestros tiempos ha habido capitán que tales hazañas haga, y que tantas tierras haya ganado sin gastar ni poner en ello su majestad cosa ninguna, y tantos cuentos de gentes se hayan convertido a nuestra santa fe?". Bernal Díaz del Castillo, cap. CLXX. Por aquellas fechas ya se había concertado el matrimonio de Hernán Cortés con doña Juana de Zúñiga, sobrina del duque de Béjar. Sobre aquellas gestiones dio cuenta don Martín a su hijo, como apunta Bernal, cap. CLXXI.

[1527], febrero, 11. Medellín.

Carta de Martín Cortés al licenciado Francisco Núñez informándole del comportamiento del contador Rodrigo de Albornoz y de las noticias comunicadas por Francisco de las Casas.
COPIA. ARChV, Pleitos Civiles, Zarandona y Balboa, Olvidados, Caja 145-2, fols.75-78v, tamaño folio, letra cortesana. Traslado sacado en Valladolid, el 11 de agosto de 1545, por el escribano Juan Vázquez.

Muy virtuoso señor:

Jueves siete deste mes vino por aquí Francisco de las Casas, que venía de Sevilla, y me dijo cómo había hablado [a] Albornoz[180] y a otros que vienen con él, los cuales —sigún me dijo—, no traen buenas voluntades a las cosas del gobernador, en especial Albornoz. Éste diz que tuvo muchas consultas con Pero Xuárez de Castilla[181] en Sevilla y hicieron correo al Rey y a esos señores y luego vino una cédula para restar las naos que estaban de camino, que es mal indicio.

Ese Albornos me dijeron que en el puerto le presentaron una provisión de las que había llevado Luis Ponce y no la quiso obedescer. Ya sabéis cómo ésta fue la principal causa de todos los alborotos, primero entrél y el tesorero[182] de cuya causa hobo necesidad de proveer a los otros[183] que

---

[180] El contador Rodrigo de Albornoz había partido de la Nueva España en los últimos meses de 1526. El primer capítulo del memorial que Cortés envió a don Carlos a comienzos del año siguiente se ocupaba de él [Cuernavaca, enero de 1527]. Hernán Cortés, *Cartas y memoriales*, p. 118.

[181] Tesorero de la Casa de la Contratación de 1526 a 1530.

[182] Alonso de Estrada. La llegada de los oficiales reales a México y el contenido de sus escritos lo relató Antonio de Herrera, Década III, lib. V, cap. XIV y lib. VI, cap. II.

[183] Cortés dejó a Rodrigo de Albornoz y a Alonso de Estrada como tenientes de gobernador cuando emprendió la empresa de las Hibueras. Enterado del incidente entre ambos dispuso el regreso a México del factor Gonzalo de Salazar y del veedor Peral-

hicieron lo que sabéis, y de justicia y razón antes había de ser castigado que oído; y éste es el que escribió al chanciller con Samaniego[184] las maldades que Dios ha manifestado y por éstas también merecía ser castigado. De todas éstas sería justo se diese noticia al Emperador y esto había de hacer el señor duque o el señor conde o don Álvaro. Debéis, señor, decírselo y cuando ellos no lo quisieren hacer trabaja de lo hacer vos y importuna mucho al duque que lo diga al rey y, si no quisier, hable a esos señores del Consejo, en especial al chanciller y Cobos porque éstos dos, como sabéis, son el todo y el señor dotor me dijo que estaba el chanciller bueno en las cosas del gobernador. No lo digo por que lo creáis, mas no sé qué puedan decir deste hombre, que bien se puede por él decir lo que dijo Pilatos a los judíos que *enin mal le ficid (sic)*[185] si no les trega (?) el diablo a los que lo han de proveer el cual trae grand solicitud como a quien quitan tan tanto señorío. Verá cómo todas las maldades que se han dicho han sido inciertas y verá como, de que el gobernador salió de la tierra, nunca hubo paz nin sosiego y verá cómo nunca al rey dieran un peso de oro, que treinta mill pesos que trae ése el gobernador los dejó y más en poder del tesorero; y deben de ver cómo antes que en aquellas partes no hobo oficiales que la tierra estuvo en paz y los indios bien tratados y contentos y las rentas de Su Majestad más aprovechadas porque los oficiales no llevaban tan grandes salarios y débeseles poner delante que estando la tierra en paz, que los indios se volverán cristianos y permanescerán en nuestra santa fe católica y viendo descordias que antes los que se hobieren vuelto dirán que es todo burla y con el mal tratamiento se irá la tierra dentro y se perderá todo y esto será a cargo desos que lo proveen y esto no sufre satisfación porque es el delito de cantidad y calidad sin número y todo esto y más decid y de fin encargallas las conciencias. Esto, señor, trabaja[d] con el duque,

---

míndez Chirinos que lo acompañaban y les entregó dos provisiones para que aplicasen una u otra según la situación que encontrasen a su llegada. Una síntesis de aquella complicada etapa en José Luis Martínez, *Hernán Cortés,* pp. 450-452.

[184] Lope de Samaniego. Se crió en casa de Pedro Mártir de Anglería y con su autorización se trasladó a Nueva España en compañía del contador Albornoz.

[185] La cita corresponde a un texto de la Vulgata, concretamente de los Evangelios: "*Quid enim mali fecit?*", Mt 27:23; Mc 15:14; Lc 23:22, "¿Pues qué mal ha hecho?" [refiriéndose a Cristo].

que en todo caso acabe con el Emperador que cosa no se concier[te] ni despache sin que Su Majestad esté presente y en esto no tengáis descuido, antes que se engendre alguna dolencia de las pasadas habéis de trabajar de conocer ésos que van. Un flaire *(sic)* va con Albornos, dominico, que también me dijeron lo llevaba convertido porque el gobernador favoresce mucho a los franciscos, que se diz fray Ortiz,[186] es amigo del obispo de Osma.

Francisco de las Casas me dijo cómo en la carabela donde viene fray Diego Altamirano[187] y frey *(sic)* Juan de Teto[188] y Proaño,[189] que iba por alguacil, viene Pedro de Paz, vuestro hermano. Hobe dello mucho placer porque no puede venir vacío. Cristóbal de Salamanca[190] es regidor. Debéis luego dar noticia al rey y a los del Consejo cómo esta carabela viene, donde viene la verdad de todo, que hasta que venga no deben oír a nadie hasta que venga *(sic)* y esto alega y decid muy en forma. De Sevilla me escribieron cómo Pero Suárez procuraba que le enviasen a él [a]

---

[186] Fray Tomás Ortiz difundió la noticia de que Cortés era responsable de la muerte de Luis Ponce. En contrario de aquello trajo ciertos testimonios fray Pedro Zambrano. AGI, Patronato,170,R.29. Zambrano entregó los papeles al provincial de los dominicos fray Alberto de las Casas, del convento de Santo Domingo del Campo de Zafra, quien a su vez los hizo llegar al obispo de Osma. Por Real Provisión dada en Becerril el 9 de octubre de 1527 se le reclamaron al religioso aquellos documentos por necesitarlos el licenciado Núñez para ciertas gestiones. ARChV, Pleitos Civiles, Zarandona y Balboa, Olvidados, Caja 145-2, fols. 8v-9v.

[187] Fray Diego Altamirano, pariente de Cortés, fue enviado por los franciscanos de México para hacer volver al gobernador de la empresa de las Hibueras. Por su testimonio conocerá los graves sucesos acontecidos en México en su ausencia.

[188] Se refiere don Martín al franciscano Johann Dekkers, más conocido como fray Juan de Tecto. Junto con fray Pedro de Gante y fray Juan de Ayora formó parte del primer grupo de religiosos de su Orden que llegó a México a mediados de 1523. Acompañó a Cortés a las Hibueras. El viaje mencionado por don Martín debió de ser sólo una intención ya que tradicionalmente se ha dicho que falleció ahogado después de la expedición. El propio Cortés comunicó a la Audiencia de Santo Domingo que la embarcación que despachó para Nueva España se perdió en la costa de Cuba y entre los fallecidos se encontraban su pariente Juan de Ávalos, el capitán de la embarcación y "dos frailes franciscos que habían venido en mi compañía". *Documentos cortesianos,* vol. I, p. 364.

[189] Diego Hernández de Proaño, comendador de la Orden de Santiago, provisto como alguacil mayor llegó a Nueva España con Luis Ponce.

[190] Cuñado del licenciado Núñez, estaba casado con Ana Núñez.

aquella tierra. Es muy amigo de Cobos, no ternía en mucho engañasen al rey so color que es cosa que le cumple, que caso color para tomar la residencia como Luis Ponce.[191] Dios lo provea todo como Él más sea servido.

Yo, señor, os escrebí hablásedes al duque sobre aquel caballero que su señoría había dicho que entendería en los negocios de mi hijo y esto más por complir con ellos que por gana que yo dél tenga; y si se lo habéis dicho baste y si no decírselo muy livianamente porque éste no podría venir a tiempo que aprovechase, mas todavía, si os parescier que hay dél nescesidad, dadle priesa que venga porque a mi ver desta ha el rey de dar orden en las cosas de aquella tierra, pues saben que se obedescerá y cumplirá lo que mandaren. Dícenme que el Proaño,[192] que iba por alguacil, vien[e] por procurador del gobernador mas si en tanto que viene hay necesidad de el del duque no se puede perder mucho porque se despidirá el que menos provechoso fuese. De Sevilla me escribió Hernán Daries[193] que en todo caso viniese. Yo le respondí que vos estábades allá, que bastábades y que como deudo lo haredes mejor que ninguno. Tornome a escrebir de manera que no estaba satisfecho. Como quiera que, sigún el deudo y la parte que os va, vos seáis obligado a lo hacer mejor que ninguno, querría que los hiciésedes mintirosos y mira que es ésta una grand coyuntura y muy nescesaria de mucha diligencia y querría que nos quitásedes de puertas ajenas que por ésta os doy mi fe que si lo hacéis de os quitar a vos dellas. Al señor dotor importuna[d] pues sabéis que tiene necesidad dello al cual, si pudier, escrebiré y al obispo de Ciudad Rodrigo,[194] que para escre-

---

[191] Luis Ponce de León, primo del conde de Alcaudete, fue nombrado juez para tomar residencia a Cortés en noviembre de 1525. El 4 de julio de 1526 presentó en México la real provisión que lo acreditaba como tal pero poco pudo hacer al fallecer ese mismo mes, según algunos, entre ellos fray Tomás Ortiz, envenenado por el gobernador.

[192] Cortés comunicó a su padre el viaje de Proaño a la península en la misiva de 1° de octubre de 1526 y aprovechó la ocasión para suplicarle que facilitase su entrevista con el duque de Béjar y otros destacados personajes para que escuchasen su relato de lo acontecido en Nueva España aunque en ningún momento le indicó que viniese como procurador suyo. Hernán Cortés, *Cartas y memoriales*, pp. 110-117.

[193] Hernán Darias (Arias), vecino de Sevilla.

[194] Gonzalo Maldonado, obispo de Ciudad Rodrigo desde el 3 de julio de 1525 hasta el 29 de mayo de 1530. Desde agosto de 1524 actuaba como consejero en el recién fundado Consejo de Indias.

bir ésta me levanté de la cama como Francisco de las Casas os dirá, que en la cama me habló, que no pude levantarme a hablalle.

Francisco de las Casas me dijo que había luego de ir allá a negociar cosas que le cumplen, que todavía diz que quier volver allá y más ahora que le dijeron que no le habían quitado los indios. Él va por apañar todo lo que podier y volverse, no dejará de procurar algún oficio para lo vender. Él quisiera que le encargáramos los negocios de mi hijo, los cuales antes dejaría caer que negociallos por su mano. Díjome que os escribiría con Francisco de Losys *(sic)* que había luego de ir allá y díjome que iba porque el obispo de Osma le había mandado la contaduría o tesorería y, como Albornos es venido, va a ver en qué para esto. Debe hacer el obispo porque sabía que Luis Ponce les había de tomar residencia y quitalles los oficios y parésceme a mí que desta causa que no favorescerá el obispo [a] Albornos. Esto debéis tener secreto, que no lo sienta nadie, que creo que no le pesará al obispo que digan mal de Albornos. Yo escribí a Loays *(sic)* que en lo que se ofreciese hablase al obispo, que creo que hará lo que pudier porque en fin más querrá que gobierne el gobernador que otro extraño.

Francisco de las Casas conosce a todos los que vienen y que dellos son sus amigos, que de que vaya que él los hablará, y cree que aprovechará y tanbién dijo que importunaría al duque en lo que viese que conviniese y al conde y a don Álvaro. Haz del ladrón fiel y lo que os paresca que debe hablar y a quien; ponedle en ello y ponedle espuelas echándole delante la obligación del deudo y cuanto más podrá aprovechalle allá que en la Nueva España y todo lo más que os paresca que haz al propósito y no le pongáis que hable al duque sobre la partida de doña Juana, por[que] no querría que supiese este caso bueno nin mal y come con él y guardaos dél como del diablo. Él está con nosotros muy mal, mi mujer no le quiso ver ni posó en nuestra casa. Dios sabe cómo quisiera que fuera él otro deudo y no quien es, que hombre que había recebido mill y trecientos ducados de los que a mí me traían, sin más de diez mill que el gobernador y los indios le dieron, y me escribió que había gastado ciento por no ninguno, qué no dirá y qué no hará, en fin, que dél no os habéis de fiar sino saber dél y hacelle que hable al dotor y a esos señores que, si quier, bien lo sabe hacer.

Sagredo va con el señor conde, ya sabéis que es cuerdo y creo que todo lo que él pudier aprovechar lo hará, especial con García de Lerma;

podrá dél saber algunos avisos que, como sea tan amigo de Beltrán[195] al goce dirá y él os lo puede decir a vos. Mucho se me profirió Lerma mas no fiéis dél nada nin menos de viva ánima y nunca conosca de vos disfavor aunque sea vuestro hermano.

Caballos me escribió que vernía por aquí para la Corte, no conosca de vos en ninguna manera que estáis resabioso dél, mas antes os mostra[d] muy su amigo y no fiéis dél ninguna cosa que yo estoy resabioso dél; quizá aprovechará su ida que haya memoria de la mula. También creo que procura algún oficio, todos procuran lo que les cumple. Yo escribo muy largo al señor obispo de Ciudad Rodrigo, plega a Nuestro Señor no se le haya mudado la voluntad. En fin, Dios lo ha de proveer todo que no sé qué puedan decir sino en pago de sus servicios dalle mal galardón; mucho me ha pesado porque no ha hecho justicia de aquéllos pues tan justamente lo deben, Dios sabe cual es lo mejor.

El flaire *(sic)* que va con Albornos, dominico, se llama fray Tomás Ortiz, dicen que va dañado, mas Dios es sobre todo. Al señor dotor escribo como veréis, cerrad y dádsela y no dejéis de procurarme la respuesta por ver lo que diz. Porque esto[y] mal dispuesto no escribo al chanciller, ni al obispo Dosma,[196] ni Cobos, ni Samano; envíos cuatro firmas para si os parescier que aprovechará escrebid vos lo que os parescier y otras dos, que son seis, si os parescier para fray Vicente. A Lerma envío creencia con Sagredo. Acá me han certificado cómo les pesó en el alma a todos los del Consejo porque no llegó Luis Ponce primero, Dios y el diablo los entreden *(sic)*. También me dijo Sagredo que había sabido de un pariente de su mujer, Samano, que al gobernador no le quitarían la gobernación,[197] no por lo que ha servido, sino por la necesidad que dél hay en la tierra, mas que le pornán otro Consejo como en Santo Domingo

---

[195] Diego Beltrán, fue miembro del Consejo Real de 1517 a 1523 y consejero de Indias desde 1523 a 1542. Su título de Indias es de 8 de marzo de 1523 mientras que el del resto de los consejeros y del presidente de Indias no se expidió hasta agosto del año siguiente.

[196] Fray García de Loaysa, obispo de Osma.

[197] El 5 de septiembre de 1526 Marcos de Aguilar comunicó a Cortés la suspensión de todos sus cargos "así de gobernador como de la capitanía general e de otros e cualesquier oficios, cargos e comisiones", testigo de lo cual fue, entre otros, fray Tomás Ortiz. *Documentos cortesianos*, vol. I, pp. 387-390.

con que nunca la tierra esté en paz y que poco a poco se destruya como estotra tierra se ha hecho y desto había de ser muy informado Su Majestad cómo los oidores de Santo Domingo antes han dañado que aprovecha[do] y que pues en cualquier manera que en la tierra haya diferencias nunca estará en paz, que es la que ha de conservar la tierra, y ésos del Consejo piensan que aciertan y yerran y el gobernador no creo que estará con esta condición.

Yo tengo creído que lo primero que el gobernador escribe a Su Majestad: que envíe [a] aquella tierra quién más sea servido porque él se quier venir en Castilla, que no le tratan a él de manera, que menos no podría hacer. Mucho temor he tenido que nos[198] halle mi mensajero en Valladolid, porque me dijo uno de Salamanca cómo el señor dotor estaba en Salamanca. Plega a Nuestro Señor que os halle porque hay necesidad de dar esas cartas y informar a esos señores. Todo, señor, se lo remito y Nuestro Señor lo provea todo como Él más sea servido. A la señora, mi mujer y yo besamos las manos, a los hijos guarde Nuestro Señor y de todos vea el gozo que desea.

Nuestro Señor su muy noble persona guarde y prospere como, señor, deseáis. De Medellín, XI de febrero, do quedo. De la posada del conde habrá mensajeros con quien escribiréis. A vuestro servicio. Martín Cortés.

El sobrescrito de la cual dicha carta decía así: Al muy noble señor, el señor licenciado Francisco Núñez, relator del Consejo Real de Su Majestad, en la posada del señor dotor Carvajal, en Valladolid.

---

[198] *nos*: no os.

1527, marzo, 26. Medellín.

Carta de Martín Cortés al licenciado Francisco Núñez pidiéndole la intervención del duque de Béjar para que hablase al rey a fin de que no diese crédito a los comentarios apasionados que se hacían sobre Cortés.

COPIA. ARChV, Pleitos Civiles, Zarandona y Balboa, Olvidados, Caja 145-2, fols. 73v-75r, tamaño folio, letra cortesana. Traslado sacado en Valladolid, el 11 de agosto de 1545, por el escribano Juan Vázquez.

Muy virtuoso señor:

Yo he rescebido dos o tres cartas suyas y la una dellas me dieron con otra que se hizo a IX de marzo y la fecha della era de XXV de febrero y, porque con Caldera escribí y después no he visto carta ninguna, en ésta no hay que decir sino que le pido por merced que pues que nuestros contrarios osan decir mentiras que oséis vos decir verdades de manera que por nigligentes no perdamos nuestro derecho.

Una cédula de Sus Majestades me enviastes para que no detoviesen a los que viniesen en la nao. A lo que yo acá alcanzo, parésceme que della había poca necesidad porque no creo que por servir tan a banderas desplegadas los hiciesen sinjusticia. Yo querría, si os paresciese consultando con Caldera, que dijésedes al duque que hablase a Su Majestad que no primitiese[199] que a Hernando Cortés se le hiciese agravio ni sinjusticia, en especial en dar oídos a todos cuantos apasionados de allá vienen, sin ser él oído ni ninguna persona por él; y pues que estáis, señor, allá en la fuente, no es menester que yo de acá os avise de lo que allá habéis de hacer. De la nao no tenemos nueva ninguna. Francisco de Cevallos[200] va allá a esa Corte, ya sabéis la voluntad que a todos nos tiene, querría que

---

[199] *primitiese*: permitiese.
[200] En otras ocasiones se refiere a él como Cavallos.

el señor dotor Caravajal *(sic)* le conosciese; hacedme esta merced, que hagáis que le conosca y le hable porque creo que su merced holgará de conocelle.

Lo que de la mujer, señor, enviastes a decir le tenemos en merced, ya cuando vino vuestra carta tenía mi mujer recebida otra. De la mala dispusición de la señora me pesa, a la cual besamos yo e mi mujer las manos y a los hijos guarde Nuestro Señor de lo cuales y della veáis señor el gozo que, señor, deseáis.

Nuestro Señor, su muy virtuosa persona guarde y prospere como, señor, deseáis. De Medellín, a XXVI de marzo de I mill DXXVII, do quedo. A vuestro servicio. Martín Cortés.

El sobrescrito de la cual dicha carta decía: Al virtuoso señor, el señor licenciado Francisco Núñez, relator del Consejo Real de Su Majestad.

[1527], abril, 26. Medellín.

Carta de Martín Cortés a Hernán López Caldera y al licenciado Francisco Núñez pidiéndoles que consulten con fray Diego Altamirano lo que conviene a los asuntos de Cortés y que negocien con brevedad la ida de doña Juana de Zúñiga.
COPIA. ARChV, Pleitos Civiles, Zarandona y Balboa, Olvidados, Caja 145-2, fols. 66v-68r, tamaño folio, letra cortesana. Traslado sacado en Valladolid, el 11 de agosto de 1545, por el escribano Juan Vázquez.

Muy nobles señores:

Porque del reverendo padre fray Diego Altamirano sabréis lo que yo no podré decir, ésta no es para más de pidiros por merced os juntéis con él y le digáis lo que más os paresca convien[201] a los negocios, como quien terná más noticias dello y lo que acá a mí me paresce, sometiéndome a mejor correo, es que vaya [a] besar las manos al duque, mi señor, y al señor conde y don Álvaro[202] y hacelles relación de lo que os paresce les debe decir y suplicar al duque que agravie tan grand sinjusticia y tan grand sinrazón como fue tomarnos las escripturas,[203] que es cosa nueva, y esto bien me puede engañar, mas tengo creído que Pero Xuárez lo ha urdido y el que trae la lanzadera[204] lo ha tejido. Y por esta causa querría mucho que al Emperador se quejase muy en forma porque esta sinjusticia do tan notoria que al rey y todos los que lo supieren parescerá mal y

---

[201] Se entiende mejor si se lee "os parezca que conviene".
[202] Alude al duque de Béjar, al conde de Aguilar y a don Álvaro de Zúñiga.
[203] Desde Valladolid, el 5 de marzo de 1527 el Consejo de Indias se dirigió a los oficiales de la Casa de la Contratación de Sevilla para que secuestrasen todo el oro que venía sin registrar y para que secretamente enviasen al Consejo todas las escrituras, cartas y relaciones procedentes de Nueva España, al tiempo que debían impedir que ninguna de las personas que partiese hacia aquella tierra las llevasen hasta que Su Majestad decidiese. AGI, Indiferente,421,L.12, fols. 58r-59.
[204] Rodrigo de Albornoz.

allá veréis los requerimientos que se hicieron contra Pero Xuárez. Querría, señores, si les parescier que se le puda *(sic)*[205] cargar culpa e se le cargue que no puede ser el cuervo. Asimismo, pues van probanzas y escrituras con que pueden dañar a esos bellacos, Albornos y otros que están ahí y a los que quedan en la Nueva España, que no se quede nada en el tintero y, porque escribo al duque y conde y don Álvaro y van juntas con mis cartas y otras muchas mensajerías, querría que el duque las pidiese antes que las viese. Asimismo debéis yntar *(sic)* ello vuestro contra los que han dicho la gran suma de oro que venía en la nao, que fuesen castigados y quejar de tan gran sinjusticia como se haz a quien tanto se debe, tomalle lo que envía para sus procuradores para que gasten en sus negocios y para su mujer y cosas nescesarias. Hame parescido sería bien que el duque suplicase a la emperatriz que encargase a Cobos las cosas del gobernador pues sabéis cuánta parte es y si no el duque que se lo suplique el conde y, sin el conde, la señora condesa Dalfaro *(sic)*[206] y habíaselo dencargar y mandar de manera que aprovechase y aun a el obispo de Osma si os paresciere. Trabaja cómo no se pierda escriptura ninguna sobre los dineros que el gobernador dio, que debe a Su Majestad. El padre fray Diego[207] os dará la cuenta, hace[d] lo que os paresciere que convien porque me paresce que da justa causa.

Sobre todo os encargo la ida de la señora doña Juana que estan *(sic)* con toda la brevedad posible se negocie, porque esto es el todo de los negocios que yo más deseo, y porque el señor Hernandaries[208] me diz "fray Diego llegará tan aína como él allá".

Háceme tamaña merced que, demás de la voluntad que su merced tiene, le pongáis todas las espuelas posible[s] de manera que si el duque dijer sí, que sea primero el día que la víspra[209] *(sic)* y en esto espiritualmente os pido por merced que entendáis.

---

[205] Se entiende mejor si se lee "pueda".

[206] Tal vez se quiso escribir condesa de Faro, título de la portuguesa Ângela Fabra, dueña de acompañamiento de la Casa de la emperatriz desde su llegada a Castilla. J. Martínez Millán (dir.), *La Corte de...*, vol. IV, p. 157

[207] Fray Diego Altamirano.

[208] Hernán Darias.

[209] *víspra*: víspera.

Albornos dice que trajo de Sandoval cinco o seis mill pesos de oro. Creo que irá allá su padre, ayudalde hasta estruille pues lo merece, que si no fuera porque le quitó los indios que él se había tomado no viniera acá.

Pedro de Paz vino por aquí, no quiso reposar. Díjome que el gobernador le dio cuatrocientos pesos para el camino. Yo quisiera ir allá, mas parésceme que, do está el señor duque y conde para favor y vosotros, señores, para solicitadores, que sobra, cuanto más que yo ando muy mal dispuesto y no querría poneros en cuidado de enterrarme ni yo, por todos los bienes del mundo no querría morir fuera de mi casa.

Al señor Delgadillo que haya ésta por suya y que meta todo el hierro que pudier. Tres o cuatro mensajeros vinieron esta Pascua de casa del señor conde desta villa y no escrebístes, no sé qué fuese la causa.

Mirad mucho ese memorial y muy conforme a el entended en todo y trabaja por saber las cartas y escrituras que Medina[210] dio a Su Majestad, a quién las dio y la respuesta dello porque paresce que hace mucho caso dello y de todas esas otras cosas y escripturas me paresce que, dando las más nescesarias que primero respondan primero que se den otras, y en todo les pido por merced tengan mucha diligencia pues sabéis que ahora se ha de proveer del todo sigún razón.

Tene[d] mucho cuidado de estar contino juntos y consultar todo con el padre fray Diego y visitalla de contino y todo lo que más os paresciere. Si las firmas que envié son gastadas, el padre fray Diego lleva más. Empléense do vean son nescesarias y en todo emploro a vuestro noble parescer y todo se lo remito. Mi mujer mill veces se les recomienda. A la señora su mujer del señor licenciado besamos las manos y a los hijos guarde Nuestro Señor, de los cuales vea el gozo que desea. Nuestro Señor sus muy nobles personas guarde y prospere como, señores, desean. De Medellín, XXVI de abril, do quedo a su servicio.

Al señor Caldera que si quisier, quien sabe cuatro mill ducados en la Nueva España, que se le asigurará. Martín Cortés.

El sobrescrito de la cual dicha carta decía así: A los muy nobles señores los señores Hernán López Caldera y el licenciado Francisco Núñez, relator del Consejo Real de Su Majestad, en va *(sic)* Valladolid.

---

[210] Tal vez Domingo de Medina, vecino de Medellín.

[1527, mayo, 30], día de la Ascensión. Medellín.

Carta de Martín Cortés al licenciado Francisco Núñez y a Hernán Ló-
pez Caldera comunicándoles la recepción de cartas de su hijo y recor-
dándoles la conveniencia de que en la Corte se defiendan sus intereses.
COPIA. ARChV, Pleitos Civiles, Zarandona y Balboa, Olvidados,
Caja 145-2, fols. 100r-103r, tamaño folio, letra cortesana. Traslado
sacado en Valladolid, el 11 de agosto de 1545, por el escribano Juan
Vázquez.

Muy nobles señores:

Recebí sus cartas que con mi criado enviaron cuando vinieron las acé-
milas y vi lo que por ellas decís y asimismo vi las cartas de mi hijo, por
que doy muchas gracias a Dios, que vieron que conforma lo de dentro
con lo de fuera, y verdaderamente el que tal maldad intentó primer
daño era de privación de oficio y aun de castigo corporal porque le
debiera bastar lo que ellos mismos confiesan de serles notorias las
maldades que del gobernador han dicho ser falsas y la verdad en contrario, mas antes me paresce que favorescen los malos y desfavores-
cen los servidores por no les pagar sus servicios, pues Dios nos ayuda,
y la buena intinción del gobernador, parésceme, señores, que nos debemos todos ayudar pues no tiene que decir y pues el señor duque está
ahí, el señor conde y el señor Hernán Daries, debéis, señores, trabajar
con mucha diligencia, que voluntad bien sé que nos[211] fal[ta], de manera que se aclaren del gobernador y, pues es el negocio de la calidad
que sabéis, tiempo es que el duque, mi señor, se señale. Dígolo porque
me han dicho que en cosas livianas no quería hablar al Rey, ahora
hay causas y razones para que su señoría lo haga y si vierdes que tiene nescesidad despuelas, lo que yo no creo, la una será el señor conde

---

[211] *nos:* no os.

y la otra el señor Hernán Darias, porque me hace merced que se conosca este tiempo y no se pierda punto por que no digamos tiempo vien[e] que se repiente. Mirad señores lo que el gobernador pide por sus cartas, las cuales en todo caso me paresce las debe ver Su Majestad porque no se le dirá cómo en ellas vien y aun formado mucha queja y agravio como se nos hizo, no por sospecha que tuviésemos que había de venir en las cartas más de lo que vino, mas por el disfavor que los que no saben bien ni mal hablan en cosa tan fea. Razón habría para que no criesen[212] otra vez a los que certificaron la gran suma de oro que la nao traía.[213]

En lo que pide de la Mar del Sur debéis, señor, poner mucha diligencia pues es cosa que tanto importa y tengo muy creído se acertará por el aviso que aquéllos que iban allá le han dado y debéis pedir los oficios, como el gobernador por su carta[214] escribe, que en ser cosa incierta creo que los darán. No sé si han llegado Salazar de la Pedrada[215] y Proaño,[216] que ha más de XV días desembarcó en Sevilla Mendoza, el que casó en

---

[212] *criesen:* creyesen.

[213] Al rey se elevó un escrito dando cuenta de las falsas relaciones hechas sobre la cuantía de lo que enviaba Cortés y los agravios recibidos por la orden dada por Pedro Suárez de Castilla, tesorero de la Casa de la Contratación, para prender a los que traían las relaciones e informaciones que mandaba Cortés. También se le informaba de los descubrimientos realizados por Cortés y el comportamiento de los oficiales reales en el tiempo que estuvo ausente de México. AGI, Patronato,180,R.4.

[214] Don Martín alude a la carta de Cortés de 1º de octubre de 1526. Hernán Cortés, *Cartas y memoriales*, p. 112.

[215] Pedro Salazar de la Pedrada era alcaide de la fortaleza de la ciudad de México. Así se lo comunicó Cortés a su padre en la carta citada anteriormente.

[216] El Consejo de Indias respondió desde Valladolid el 5 de marzo de 1527 a los oficiales de la Casa de la Contratación de Sevilla informándoles que en aquella jornada habían recibido las cartas en las que daban cuenta de la venida de Pedro Salazar de la Pedrada y fray Diego Altamirano y de que en cuanto llegase el navío a Sevilla lo volverían a visitar. Habían remitido también la memoria de lo que los oficiales habían encontrado en la visita hecha en Sanlúcar. Al respecto, en el Consejo se les ordenó que hiciesen inventario ante el escribano de la Casa y que se embargase el oro, plata y joyas que trajeron a su cargo Salazar y fray Diego, asimismo lo perteneciente a Cortés y al comendador Proaño. AGI, Indiferente,421,L.12, fols. 58r-59. Sobre el viaje de ambos personajes, a los que calificó de "buenos caballeros y que han de decir verdad" informó Cortés a su padre a comienzos de octubre de 1526. Hernán Cortés, *Cartas y memoriales*, p. 116.

Sevilla; está en Sevilla, escribióme que presto sería acá y que me trae cartas y no es venido. A Caballos escribo que de lo que alcanzar dé parte a fray Diego y él a vosotros, que no sé cómo estáis con él. No es tiempo de pundonores sino todos a un fin y propósito.

Decís por vuestra carta cómo cómo *(sic)* el hermano de Samano ha dicho que si toviese poder del gobernador que entendería en los negocios del gobernador. Parésceme bien porque creo es como dicen, que lo que se oye él vino al hogar, diz al umbral, mas parésceme muy mozo para semejante cargo, mas también me paresce que podría dar algunos avisos porque en casa de su hermano terná más parte que otros y también parescerá que recebimos dél su voluntad; miradlo todos bien y lo que os parescier que convien eso se haga que yo le enviaré el poder y enviadlo de allá ordenado para lo que os pares[ce] que se ha de destender *(sic)* y poner un tanto moderado diciendo que el gobernador lo pagará junto y lo que más os parescier.

Despúes desta escripta rescebí dos cartas vuestras y en la del señor Caldera me escribe que es mejor que el obispo de Ciudad Rodrigo[217] quede que más aprovechará acá. Parescíame a mí que para haber de ir que era mejor que fuesen amigos que no otros. Mucho paresce no ter *(sic)*[218] mucha voluntad de mirar esos señores el bien y conservación de aquella tierra pues han proveído Chancillería pues les es notorio que después que fueron los oficiales de Su Majestad hubo en la tierra las diferencias y dessosiegos *(sic)* y como las rentas de Su Majestad fueron menos que antes que fuesen y asimismo les es notorio que el Consejo de Santo Domingo fue mucha parte que se perdiese los indios por las diferencias que tovieron con el Almirante hasta que le mataron[219] y en aquella tierra es muy peligrosas las diferencias de los cristianos y éstas no pueden faltar y como los indios son sin número y por fuerza les han de perder la vergüenza y temor; y tengo creído que el gobernador se ha de venir y creo que los que esto desean encaminan estas obras porque no te diré que te vayas mas hacerte he las

---

[217] Gonzalo Maldonado.

[218] Quiso escribir "tener".

[219] Sin duda la expresión es utilizada para aludir a la pérdida de protagonismo de Diego Colón, pues aquél falleció en la península.

obras; y también los indios, de que vean quel gobernador no los pue[de] favorescer perdelle han el amor y aun el temor y temo que den tras todos si Dios no lo remedia. Dedebríaseles *(sic)* poner delante tanto bien como Dios ha sido servido de traer a su servicio y que el diablo pueda tanto que los ciege[220] y les haga hacer con que sean causa que se pierda y otras muchas cosas que debieran mirar. Plega a Nuestro Señor lo remedie como Él más sea servido y quien fuer desto causa bien terná qué confesar y aun de qué hacer penitencia. No me paresce sería malo al rey se le dije[se] algo destos inconvinientes que como señor de la cosa podría ser lo remediase. Parésceme que decís que van alcaldes y escribanos, también irán alguaciles, no sé qué necesidad hay de gobernador ni para qué sea parte. Mucho querría que trabajásedes como no fuese Marcos de Aguilar porque y forma van *(sic)* dos y nunca habrá paz, mas antes habéis de trabajar que en todo caso le lleven residencia, que el gobernador así lo escribe por sus cartas y que éste es el que hizo al Almirante hacer las erradas que hizo y está muy notorio el dessosiego[221] de la tierra y que todo el bien y conservación de la tierra es la quietud y sosiego y el buen tratamiento de los indios.

A lo que señor diz del pedir del estado primero que la licencia[222] bien me paresce, que creo lo que decís que luego se la darán y, demás de lo que decís que en un capítulo señalado que pide, también lo especifica en sus cartas que me envió, de las cuales fuera razón quedara allá traslado y, con sospecha que no se hizo, requeriréis sus cartas que envió en las cuales pornéis mucho recaudo para que me las enviéis y si os paresciere que las vea el duque y asimismo se tome su parescer y del señor conde, del cual no hacéis caso en vuestras cartas, que de razón había de ser el prencipal y el señor don Álvaro asimismo, mas parésceme que no tiene mucho cuidado y do ellos estaban no había nescesidad de nadie. Con todos lo debéis, señores, comunicar por que todo se haga

---

[220] *ciege:* ciegue.

[221] *dessosiego:* desasosiego.

[222] La real cédula de Carlos V ordenando el regreso de Cortés es de 5 de abril de 1528. Con ella se daba respuesta a la petición de Cortés para venir personalmente a informar al soberano y se le informaba del nombramiento de la Audiencia presidida por Nuño de Guzmán. *Documentos cortesianos*, vol. III, pp. 11-12.

con parescer de todos. Mi parescer es que se suplique por que sepa la voluntad que Su Majestad en esto tiene que las causas y razones hartas son.

En lo del Mar del Sur les pido por merced pongan mucha solicitud porque lo tengo por muy cierto y es cosa de mucha importancia y por razón todo cuanto pidiese le habían de dar pues es incierto y tien el mejor aparejo que ninguna persona del mundo; y también los oficios se debe procurar para las personas que diz en su carta, que son Juan Altamirano, primo suyo, que tengo yo en mi casa, y un Alonso de Paz, hermano del licenciado, que está allá, y otro Villanueva[223] y Ribera llevó la tesorería que se la continúen y diz que conforme a la provisión que llevó Ribera vayan todas.[224] Samano terná el registro.

He pensado que si sabe de la ida de la Chancillería que se ha de venir aunque no tenga loancia *(sic)*[225] y ahora lo sepa antes o después y si de causa de su venida sucediese algund daño como es notorio que sucederá, que le cargarán la culpa. Mirad todos mucho en ello y consultaldo con el duque y conde si sería bien pedir licencia al rey para venir a quejarse o a cosas que le cumpliesen que lo pudiese hacer y dejar allá alguno en su lugar porque tengo esto por muy cierto.

Decís que el duque tien tanto cuidado de los negocios como yo. Así lo creo, porque el caso es propio suyo, mas parésceme a mí que con muy justa causa pudiera decir al rey que pues del gobernador Su Majestad estaba satisfecho y después que envió los oficiales hobo las alteraciones que ha habido y que ahora las habrá mayores porque éstos han de querer mandar y todo pueblo diviso[226] y esto no cumple a servicio de Dios

---

[223] Alonso de Villanueva.

[224] Don Martín sigue teniendo presente el texto de la misiva que Cortés escribió en Tenochtitlan el 1º de octubre de 1526: "la contaduría se dé a Juan Altamirano y la fatoría a Alonso de Villanueva y la veeduría se dé a uno desos hermanos de Rodrigo de Paz". Hernán Cortés, *Cartas y memoriales*, p. 116.

[225] Así en el original por "licencia".

[226] Tal vez por la apresurada redacción la frase está incompleta. Muy probablemente se refiere a la cita de "Todo reino con divisiones internas será destruido" que nos remite a *Mt* 12:15 y *San Lc* 11:17. Cortés la utilizó en una carta a Francisco de los Cobos, comendador mayor de León, Hernán Cortés, *Cartas y memoriales*, p. 223. En su forma latina, *"omne regnum in se ipsum divisum desolabitur"* se lee en la *Segunda relación.*

ni de Su Majestad y otras muchas razones que se pudieran decir. No puedo alargar más porque cabalgando estaba el mensajero cuando lo supe.

En lo de la señora doña Juana, si es para hacer, todo cuanto yo tengo es suyo y de mi hijo y para este efeto todo cuanto yo pudier haré. El señor Hernán Darias está allá, que os ayudará. Yo escrebiré presto y enviaré dineros. En lo de la nao, para lo que decís no es inconviniente que más presto irá en otra que esté más de camino.

De la mala dispusición de Delgadillo me pesa. Yo, señor, le di treinta ducados para el camino. Parésceme se debría *(sic)* venir pues está mal dispuesto. No puedo más escrebir al padre que tenga paciencia hasta que yo escriba que será presto. Medina fue a Osuna y no es venido. Nuestro Señor os guarde como desea. De Medellín, día del Acensión, do quedo. A vuestro servicio. Martín Cortés.

El sobrescrito de la cual dicha carta decía así: A los muy nobles señores el licenciado Francisco Núñez, relator del Consejo Real de Su Majestad, y a Hernán López Caldera, en la posada del señor dotor Carvajal dirán dellos, en Valladolid.

[1527], junio [30]. Alange.

Carta de Martín Cortés al licenciado Francisco Núñez comunicándo-
le el envío de una cédula para notificar a Narváez y comentándole
algunos aspectos de las negociaciones sobre el viaje de doña Juana
de Zúñiga a Nueva España.
    COPIA. ARChV, Pleitos Civiles, Zarandona y Balboa, Olvidados,
Caja 145-2, fols. 95r-98v, tamaño folio, letra cortesana. Traslado sacado en Valladolid, el 11 de agosto de 1545, por el escribano Juan
Vázquez.

Muy virtuoso señor:

Las cartas que con Juan de Reina[227] y cédula de Su Majestad y pregones y treslado de la petición recebí, con el cual dicho Juan de Reina os escrebí y envié el poder[228] oreginal con la sostitución al pie porque
me certificó que, pasado San Juan, se había de partir para allá.[229] Yo
despaché luego mensajero a Sevilla con la cédula para que se notifi-
case a Narváez, al cual no hallaron segund que por este testimonio ve-

---

[227] Juan de Reina, escribano de Su Majestad y vecino de Trujillo. Actuó como testigo
en el poder que Martín Cortés otorgó al licenciado Núñez en Alange en junio de 1527.

[228] Probablemente alude al otorgado en Alange el 18 de junio de 1527, ante el escribano Diego de Buiza, a favor del licenciado Francisco Núñez y de Hernán López Caldera para que en su nombre pudiesen atender los asuntos de Cortés. ARChV. Pleitos Civiles, Zarandona y Balboa, Olvidados, Caja 145-2, fol. 154r-v.

[229] El viaje de Reina se demoró más de lo previsto por lo que el 26 de julio de 1527 decidió despachar un correo y escribir al licenciado Núñez advirtiéndole que: "acordé de
enviar este mensajero porque es persona de confianza, que con otro ninguno no osara,
el cual lleva dos reales cada día y ha de llegar en cinco días y medio, y otros tantos de
vuelta, y lleva el poder y sostitución e una carta del señor Martín Cortés y un memorial
del señor gobernador y esto fícelo porque me lo envió a mandar vuestra merced por su
carta que recibí dos días fa con un criado del señor Diego de Carvajal". ARChV. Pleitos
Civiles, Zarandona y Balboa, Olvidados, Caja 145-2, fol. 227. Aquellos documentos llegaron a manos de Núñez el día 11 de agosto.

réis.[230] La cédula[231] de Su Majestad les paresció en Sevilla sería bien envialla al gobernador porque había con quien y allá se quedó para este propósito. Si le parece que acá hay della nescesidad escríbamelo luego y enviaré por ella. Los pregones os llevan y en cosa del mundo ternía en tanto como remedi *(sic)* de una cosa tan fea y tan injusta como contra el gobernador se hizo y paréceme, señor, que en cosa que tanto toca a la honra del gobernador, que el señor duque y el señor conde y todos sus deudos lo habían de sentir y procurar el remedio dello pues en las *Relaciones*[232] viene toda verdad y faltan otras muchas cosas que con verdad se pudieran decir. Y, si esos señores han dejado de entender en ello por no ser sabidores, merced, señor, recebiré les deis noticia dello, acriminándolo y estimándolo en lo que es y cosa hoy del mundo podríades, señor, hacer que tanto cargo echásedes al gobernador y a mí como en que se hubiese otra cédula en contrario de aquella[233] y le apregonase como aquélla y esto, señor, os pido por merced, siendo posible, se trabaje que se haya, porque la que se dio fue muy injusta y muy favorable. No sé quién fue quien tanto favor y dañada voluntad tuviese porque la obra fue de enemigo mortal y como vos, señor, sepáis mejor lo que conviene para que haya efeto en este caso no digo más, sino que a vos, señor, lo remito y que cosa hoy ternía en tanto como que en esto hubiese efeto.

El señor Hernán Darias ni Caldera no me escribieron con este mozo que fue con Gonzalo Rodríguez, no sé qué fuese la causa. Fray Diego me

---

[230] Alonso de Mendoza, apoderado de Cortés, el 26 de junio de 1527 hizo probanza en Sevilla de cómo no fue posible notificar a Narváez cierta cédula sobre las *Relaciones* de Cortés por haber salido ya de la península. AGI, Patronato,170,R.32. Sobre las gestiones realizadas dio cuenta a don Martín en una carta de 27 de junio [1527]. ARChV, Pleitos Civiles, Zarandona y Balboa, Olvidados, Caja 145-2, fols. 99r-100r.

[231] Sin duda se refiere a la dada en Valladolid el 1º de junio de 1527 por la que se ordenaba a Narváez que remitiese al Consejo de Indias la cédula original que prohibía imprimir las cartas de Cortés. *Documentos cortesianos*, vol. I, p. 465.

[232] La llamada en cursivas es nuestra. La prohibición de la venta y distribución de las *Relaciones* de Cortés se pregonó en varias ciudades. En Salamanca se hizo pública aquella orden el 20 de abril de 1527.

[233] Don Carlos, por cédula dada en Valladolid el 1º de marzo de 1527, tras ser escuchado Narváez, prohibió la impresión de las *Relaciones* de Cortés y ordenó que se rasgasen los ejemplares disponibles. Núñez logró que la devolviese pero no que se autorizase la impresión.

escribió una nueva capitulación que allá se ha hecho con el señor don
Álvaro para llevar a su hermana, no sé si os han dado parte dello. Yo
le escribo que os la dé, así en aquello como en todo lo demás que cumpla a los negocios del gobernador porque aunque todos tengan buena
voluntad no la ternán como la vuestra porque sois parte y a mí ver lo
que el acá me escribió es una cosa imposible de cumplir y fue muy mal
mirado, podría ser que fuese la glosa del cumplimiento tal que fuese buena la cual, al presente, a mí no me paresce. Muy señalada merced recebiré que, si no la sabéis, que lo sepáis y así con fray Diego como con
Caldera habléis en ello, porque Caldera os dará mejor la glosa del cumplimiento que fray Diego, de manera que del parecer de todos tres, en
lo que os determinardes, que lo consultéis con el señor Hernán Darias
antes que venga a noticia de don Álvaro. Y no me paresce debéis de responder al señor Hernán Darias cosa que sea causa de impedir la ida de
la señora doña Juana. Como hombres discretos le digáis lo que se pueda complir con pompa moderada porque lo superfluo, de más de no se
poder cumplir, no sé a qué aprovecha porque os hago, señor, saber que
aquello que allá envié era lo que tenía para la ida desta señora, que me
parecía que bastaba y si allá se alta podría ser que no aprovechase y
acá hará mucha falta y en esta negociación de la ida desta señora habéis de tener mucho aviso que no sientan que falta voluntad y todas
las cabtelas que podáis para que haya efeto la ida las tened. No deis
parte desto sino a vos mismo. En la capitulación que yo hice con el señor duque, como Caldera sabe, fue para comprar alguna heredad o renta
para el gobernador, depositase treinta mill ducados y para cumplir esto
el rey debe más destos y demás y aliende desto yo tengo comprada hacienda que vale veinte mill ducados y para este efeto paréceme ques-
tán éstos empleados de manera que rentarían diez mill y ya que no
quixesen[234] recebirlos del rey y en cuenta y éstos diez no faltará quien
los sanee.

Digo, señor, esto por que lo sepáis para si por caso os dijeren que
quieren que cumpla la primera capitulación y el fin desto es que, siendo
posible, no cesase la ida y fuese con la menos costa posible y cuando ho-

---

[234] Así en el original por "quisiesen".

biese de venir aquí se hubiese de dar para la costa; hase de entender que ha de ser para ella y sus mujeres y para el señor don Álvaro y otros dos o tres que vayan con él, y moderada esta costa aclarar un *certun (sic)* quien y no que les hayan de dar todo lo que hubieren menester, porque sería infinito. Por me hacer merced que en esto pongáis todo el cuidado y diligencia posible como a quien le duele que, si bien lo mirasen esos señores, ellos mismos se habían de poner en razón y no llevar más costa de la necesaria y aun de aquélla quitar pues todo lo que se gastare demasiado lo pierden el gobernador y la señora doña Juana, mas creo que no les penará nada aunque queden perdidos por gozallo ellos y creo que en esto del gasto que, consultándolo con el señor duque, le parecerá bien lo necesario y mal lo superfluo y no hay quien os diga el fin desos señores si Caldera no ya *(sic)* éste habéis de poner también en razón para que os ayude.

Ya, señor, sabréis la venida de Pedro de Alvarado,[235] al cual me dicen dieron todo el oro que trajo, dícenme que trae cierto oro del gobernador para Juan de Santa Cruz, que reside en Sevilla, para que le compre jarcias y otras cosas para navíos para enviar al Especería. Hanme escrito de Sevilla que lo pide y que creen que se lo darán, no sé en qué parará, dícenme que es muy bajo y sin ley.

Hágole, señor, saber que el obispo de Ciudad Rodrigo escribió al alcalde mayor de Mérida cómo iba por presidente a la Nueva España y asimismo me dijeron que había escrito a un hermano de Diego de Ocampo[236] que se fuese con él. Dígolo por que lo sepáis que, pues él lo escribe, que debe ser cierto y cuando más esto callaren lo debéis tener por más cierto. Próvealo Dios todo como Él más sea servido. Pedro de Alvarado no me ha escrito, hame inviado a decir que si pudiere se verná por aquí, no sé lo que hará. Estad todos sobre aviso de prevenir que hable al duque y al conde y a esos señores antes que le dañen y en esto debéis de tener mucho cuidado y aun

---

[235] A comienzos de 1527, aprovechando su viaje a la península, Cortés le confió diversos documentos, entre ellos un memorial de lo que en su opinión se debía hacer en la Corte. Así se lo comunicó al licenciado Núñez desde Cuernavaca el 12 de enero. Hernán Cortés, *Cartas y memoriales*, p. 126.

[236] Diego de Ocampo, natural de Trujillo, lugarteniente y amigo de Cortés. Sus hermanos fueron Gonzalo, Sebastián, Juan, Gregorio y Pedro. Hugh Thomas, *Quién es quién...*, pp. 125 y 400.

poner en la puente de Valdestillas o dos[237] pareciese un espía que lo viniese a decir antes que llegase para salirle a hablar al camino y decildo a Caldera por que lo diga al señor Hernán Darias para que diga su parecer.

En lo que, señor, decís que si tomaran vuestro voto en el pedir del estado que primero se diera el jarabe que la purga, a mí así me paresce puesto que la habida consideración a lo servido todo tiempo tenía sazón. Ya creo que, señor, sabréis cómo Marcos de Aguilar fallesció.[238] La ciudad y tierra requirió al gobernador tomase la gobernación y no quiso. Dicen que hicieron cabildo y eligieron al tesorero y Sandoval.[239]

En un capítulo que en una carta que mi hijo me envía viene, dice que en ninguna manera se deje de procurar la provincia de Menchuacán,[240] que su Majestad le haga merced della conforme a la visitación[241] que della se hizo porque, pues Su Majestad le manda entender en esto de la Especería y él no lo podía hacer de manera que Su Majestad se sirviese y él no cayese en falta sin tener esto y dice por su carta cómo él desea el servicio de Su Majestad más que todos los otros intereses. Para este efeto querría más esta sola provincia que ninguna otra cosa que Su Majestad allá le pudiese dar y que esto con mucha instancia y diligencia se procure, aunque otra cosa no le den, por que Su Majestad conosca el deseo que tiene de servirle, que no querría otro bien en este mundo sino que éste se conosciese.

Ansimismo dice que le han dicho que acá piden algunos pueblos a Su Majestad diciendo que les fueron quitados y porque cuando estos traidores del fator[242] y veedor[243] levantaron aquella comunidad a voz que él

---

[237] *dos:* donde os.

[238] Marcos de Aguilar falleció el 1° de marzo de 1527. Ese mismo día el Cabildo nombró al capitán Gonzalo de Sandoval y al tesorero Alonso de Estrada para sustituirlo en el gobierno.

[239] Sobre estos acontecimientos dio cuenta Cortés a don Carlos en el segundo complemento de la *Quinta relación*. Tenochtitlan, 11 de septiembre de 1526. *Documentos cortesianos*, vol. I, pp. 409-411. Bernal Díaz del Castillo, cap. CXCIV.

[240] *Menchuacán:* Michoacán.

[241] Se refiere a la realizada por Antonio de Carvajal el 17 de enero de 1525. Los datos los facilita Cortés en la carta que el 26 de septiembre de 1526 escribió a su padre. *Documentos cortesianos*, vol. I, pp. 416-422.

[242] Gonzalo de Salazar.

[243] Peralmíndez Chirinos.

y los que iban en su compañía eran muertos, repartieron sus bienes por los que los siguieron en su comunidad y tiranía y como él vino restituyó a sus dueños en ellos y podría ser que algunos de aquellos, que vinieron muchos con el contador, hiciesen relación que les habían sido quitados indios y los pidiesen a Su Majestad y, con no saber lo cierto, se proviese alguna cosa y que conviene que se procure una cédula de Su Majestad para que revoque todo lo que aquéllos hicieron y que puesto que Su Majestad sobre el caso dé cédula no se cumpla hasta ser consultado sobre ello.

Asimismo dice que en todo caso se pida que Albornoz vuelva a dar cuenta, así de su cargo como del tiempo que tuvo la justicia en su ausencia e porquél trai probanzas hechas con aquellos comuneros que en su ausencia se levantaron y aunque trae consigo otros dellos mismos para probar sus maldades y desto se debe avisar a Su Majestad y a los señores del Consejo y que también [a] aquéllos los mande volver allá para que paguen sus hierros *(sic)*.[244]

También dice que a Hernán López,[245] tenedor que fue de los difuntos, que se vino huyendo, que se pida que Su Majestad le mande volver allá y para que acá se le secresten los bienes hasta que dé cuenta porque le es en cargo de su sola hacienda de más de XXX mill pesos de oro y de la de los defuntos, que es cosa sin cuenta y, aunque a Su Majestad se le sigue mucho interese desto en todo os pido por merced se ponga mucha diligencia y se procure pues pedimos justicia.[246]

A la señora beso las manos y a los hijos guarde Nuestro Señor de los cuales, señor, vea el gozo que desea. De Cavallos ni de Sagredo ni de Lerma no fiéis nada que no sea para decir. De Alange, postrero de junio, do

---

[244] *hierros*: yerros.

[245] Hernán López de Ávila. A él se había referido Cortés en la carta que envió a su padre el 1º de octubre de 1526 y en el memorial a Núñez de enero de 1527. Hernán Cortés, *Cartas y memoriales*, pp. 115 y 119.

[246] Don Martín hizo diligencias y probanzas en la villa de Medellín para que se cobrasen en Sevilla de Hernán López de Ávila ciertas cantidades pertenecientes a su hijo y que habían llegado a sus manos cuando se creyó que Cortés había fallecido en la expedición a las Hibueras. También solicitó que se pusiese a cobro un navío de su hijo que había traído fray Diego Altamirano. AGI, Patronato,170,R.31.

quedo. No escribo a esos señores por falta de tiempo. A vuestro servicio. Martín Cortés.

El sobrescrito de la cual dicha carta decía así: Al noble señor el señor licenciado Francisco Núñez, relator del Consejo Real de Su Majestad, en
Valladolid.

[1529], diciembre, 20. Mérida.

Carta de Catalina Pizarro Altamirano al licenciado Francisco Núñez dándole cuenta del envío de una probanza y encomendándole a su nieto Martín Cortés.
ORIGINAL. ARChV, Pleitos Civiles, Zarandona y Balboa, Olvidados, Caja 145-2, fol. 218r-v, tamaño folio, escritura humanística.

Muy noble señor:

Bien creo que estará quejoso de mí porque no le he escrito. No ha sido por falta de amor sino porque siempre venían las cartas y mensajero a tiempo que yo no podía más hacer. Escribístesme, señor, cómo don Martín[247] estaba en vuestra casa, yo hube mucho placer dello porque creo que le hará las obras que yo y ansí, señor, le pido por merced que se las haga, como tengo confianza que se hará, que yo lo pagaré en la mesma moneda en la Nueva España, que será haciéndolas a su hija[248] como las hiciera a don Martín, y desto no ponga duda.

---

[247] Martín Cortés, el hijo que tuvo con doña Marina, y por el que mostró el conquistador gran cariño. Acompañó a su padre cuando volvió a la península por primera vez y por voluntad suya permanecerá en la Corte como paje del príncipe don Felipe. El muchacho, que por aquellas fechas debía tener 6 ó 7 años, suscitó la ternura de abuela en doña Catalina Pizarro y los desvelos de Cortés desde la Nueva España y así se lo hizo saber al licenciado Núñez en junio de 1533: "No le quiero menos que al que Dios me ha dado con la marquesa y así deseo saber siempre dél". *Documentos cortesianos*, vol. IV, p. 40.

[248] Aunque doña Catalina utiliza el singular, sabemos que fueron dos las hijas del licenciado Núñez que formaron parte de la comitiva que acompañó a doña Juana de Zúñiga en su viaje a la Nueva España. El propio Cortés alude a las muchachas en sus cartas al licenciado Núñez y también lo hizo el tesorero Pasamonte en 1530 cuando le escribió dándole cuenta de la llegada del marqués a Santo Domingo. Sus nombres eran Lucía de Paz y Beatriz de los Santos. De ellas se acordó Cortés en su testamento al establecer una cantidad para su dote.

Señor, allá le enviará el marqués una probanza que se ha hecho cerca de unos pedazos de casares que yo pedía, que eran de la Orden de Santiago, la cual hizo el señor don Juan de Castilla por virtud de una provisión de Su Majestad que el señor conde de Osorno[249] provió,[250] por me hacer merced, que lo solicite allá co como *(sic)* si a él le tocase. Es una cosa tan poca que no es para más de estorbar que aquello no sea muladar y lugar donde echan cosas muertas, que por quitar esto y no por más la procuro. Y el censo que se hobiere de dar sea que se dé en otra casa o parte por que quede la casa libre.

A don Martín, que haya ésta por suya y a su ayo,[251] y que se le encomiendo mucho. A la señora su mujer me encomiendo en su merced y mis sobrinas le besan las manos. Nuestro Señor su muy noble persona y casa guarde y conserve en su servicio co[mo], señor, desea. De Mérida, XX de diciembre. A lo que señor mandare. Doña[252] Catalina Pizarro[253] *(rúbrica)*.

(sobrescrito) Al muy noble señor el licenciado Núñez, relator del Consejo Real.

<De la madre del marqués encomendando Cortés cosas al licenciado Núñez. Para los mesajoros[254] de Mérida>

---

[249] García Fernández Manrique, desde la primavera de 1529 ocupaba interinamente la presidencia del Consejo de Indias por ausencia de García de Loaysa.

[250] *provió:* proveyó.

[251] El ayo de don Martín era Diego Pérez de Vargas, contino del emperador, uno de los criados más antiguos de la Casa Real. Pese a que por su avanzada edad su deseo inicial era abandonar la Corte y llevarlo a su casa, la férrea voluntad de Cortés hizo que el muchacho permaneciese en ella. Sabemos que lo mantuvo informado de su estado, pues en la misiva de Cortés a Núñez de 20 de junio de 1533 le dio cuenta de la recepción de una carta del ayo narrándole las dolencias que había padecido y del disgusto que aquellas nuevas le produjeron: "hame llegado al alma que se platique que su enfermedad sea cosa de lamparones". *Documentos cortesianos*, vol. IV, p. 40.

[252] Se lee "Doña" pero la intención inicial fue escribir "C" de Catalina aunque rectificó como pudo. Gómara, al trazar la biografía de Cortés había resaltado aquella condición cuando escribió: "su padre se llamó Martín Cortés de Monroy, y su madre doña Catalina Pizarro Altamirano". Francisco López de Gómara, p. 35.

[253] La firma de la carta es autógrafa de la temblorosa mano de la madre de Cortés, pero el texto de la carta fue escrito por otra pluma.

[254] *mesajoros:* mensajeros.

En Valladolid, a seis días del mes de junio de mill e quinientos e cuarenta e cinco años, yo Juan Vásquez, escribano de provincia, por mandado del señor alcalde Villagómez habiendo tomado e rescibido juramento en forma segund derecho de don Hernando Cortés, marqués del Valle, le mostré esta dicha carta mesiva, el cual, habiéndola visto, dijo que no sabe cosa ninguna della e lo niega e firmolo de su nombre. El marqués del Valle *(rúbrica)*. Pasó ante mí, Juan Vásquez *(rúbrica)*.

BIBLIOGRAFÍA

A) Fuentes

ANGLERÍA, P. M. de, *Décadas del Nuevo Mundo (1493-1525)* (traducción del latín de Agustín Millares Carlo, estudio y apéndices por Edmundo O'Gorman). México, Porrúa, 1964. 2 vols.

— *Epistolario* (estudio y traducción de José López de Toro), en *Documentos Inéditos para la Historia de España*. Tomos IX- XII. Madrid, 1953-57.

CASAS, F. B. de las, *Obras completas. Historia de las Indias* (ed. Lit. Isacio Pérez). Madrid, Alianza, 1994. Vols. 3-5.

CERVANTES DE SALAZAR, F., *Crónica de la Nueva España*. México, Porrúa, 1985.

Colección de documentos para la historia de México. Publicada por Joaquín García Icazbalceta. México, Porrúa, 1971.

CORTÉS, H., *Cartas de relación* (ed. de Ángel Delgado Gómez). Madrid, Castalia, 1993.

— *Cartas y memoriales* (ed. de María del Carmen Martínez Martínez). León, Consejería de Cultura y Turismo; Universidad de León, 2003.

DÍAZ DEL CASTILLO, B., *Historia verdadera de la conquista de Nueva España* (ed. de Miguel León Portilla). Madrid, Historia 16, 1984.

Documentos cortesianos (ed. de José Luis Martínez). México, FCE, 1990-1992. 4 vols.

HERRERA Y TORDESILLAS, A. de, *Historia General de los hechos de los castellanos en las islas y Tierra Firme del mar océano*. Madrid, Real Academia de la Historia, 1947.

LÓPEZ DE GÓMARA, F., *La conquista de México* (ed. de José Luis de Rojas). Madrid, Historia 16, 1987.

SANDOVAL, F. P. de, *Crónica del emperador Carlos V*. Madrid, BAE, 1956.

Tapia, A. de, *Relación de algunas cosas de las que acaecieron al muy ilustre señor don Hernando Cortés, marqués del Valle, desde que se determinó ir a descubrir tierra en la Tierra Firme del mar Océano* (ed. de Germán Vázquez) en *La Conquista de Tenochtitlan*. Madrid, Historia 16, 1988.

B) Monografías y estudios

Bennassar, B., *Hernán Cortés. El conquistador de lo imposible*. Madrid, Temas de Hoy, 2002.

Bruhn de Hoffmeyer, A., "Las armas de los conquistadores. Las armas de los Aztecas", en *Hernán Cortés y su tiempo. Actas del Congreso Hernán Cortés y su tiempo. V Centenario (1485-1985)*. Mérida, 1987, pp. 244-260.

Corraliza, J. V., "Una carta familiar de Hernán Cortés", *Revista de Indias*, 30 (1947), pp. 893-895.

Duverger, Ch., *Cortés*. París, Fayard, 2001.

Elliot, J. H., "Cortés, Velázquez and Charles V", Introduction a Hernán Cortés, *Letters from Mexico*, translated and edited by A. R. Padgen, An Orion Press Book. New York, Grossman Publishers, 1971.

Eubel, C., *Hierarchia Catholica Medii et Recentioris Aevi sive Summorum Pontificum, S. R. E. Cardinalium, Ecclesiarum Antistitum series*. Vol. III (1503-1592), Monasterii, 1923.

Foronda y Aguilera, M. de, *Estancias y viajes del Emperador Carlos V, desde el día de su nacimiento hasta el de su muerte, comprobados y corroborados con documentos originales, relaciones auténticas, manuscritos de su época y otras obras existentes en los Archivos y Bibliotecas públicos y particulares de España y del Extranjero*. Madrid, 1914.

Grunberg, B., *Dictionnaire des Conquistadors de Mexico*. París, L'Harmanttan, 2001.

Keniston, H., *Francisco de los Cobos: Secretario de Carlos V*. Madrid, Castalia, 1980.

León Portilla, M., *Hernán Cortés y la Mar del Sur*. Madrid, AECI, 1985.

Madariaga, S. de, *Hernán Cortés*. Buenos Aires, 1958.

Martínez, J. L., *Hernán Cortés*. Madrid, FCE, 1992.

MARTÍNEZ LOZA, A., "Un memorial de Hernán Cortés al Emperador", *Historiografía y Bibliografía americanistas,* XLV (1988), pp. 3-13.

MARTÍNEZ MILLÁN, J. (dir.), *La Corte de Carlos V. Los Consejos y los consejeros de Carlos V.* Madrid, Sociedad Estatal para la Conmemoración de los Centenarios de Felipe II y Carlos V, 2000. 4 vols.

MIRALLES OSTOS, J., *Hernán Cortés. Inventor de México.* Barcelona, Tusquets, 2001.

OTTE, E. "Nueve cartas de Diego de Ordaz", *Historia Mexicana,* vol. XIV, 53 y 54 (1964), pp. 102-130 y 321-338.

PEREYRA, C., *Hernán Cortés.* México, Porrúa, 1976.

RAMOS, D., *Hernán Cortés, mentalidad y propósitos.* Madrid, Rialp, 1992.

SCHÄFER, E., *Índice de la colección de documentos inéditos de Indias.* Madrid, 1946-1947. 2 vols.

THOMAS, H., *Quién es quién de los conquistadores.* Barcelona, Salvat, 2001.

VARELA MARCOS, J., *Antón de Alaminos (el piloto palermo descubridor de las costas del seno mexicano).* Palos de la Frontera, 1992.

VEGA, C., "La hacienda de Hernán Cortés en Medellín", *Revista de Estudios Extremeños.* Badajoz, 1948.

WAGNER, H. R., *Spanish Voyages to the Northwest Coast of America.* San Francisco, 1929.

— *The Rise of Fernando Cortés.* California, Berkeley, 1944.

ÍNDICE ONOMÁSTICO Y TOPONÍMICO*

A

---

* Las entradas en mayúscula corresponden a personajes y en minúscula a topónimos. La información que figura entre paréntesis aclara algunos términos y la que aparece entre corchetes facilita las diferentes grafías o variantes de un mismo nombre o topónimo.

173

177

ÍNDICE GENERAL

En el nombre del hijo
Cartas de Martín Cortés y Catalina Pizarro

editado por el Instituto de Investigaciones Filológicas,
siendo jefe del departamento de publicaciones
Gabriel M. Enríquez Hernández,
se terminó de imprimir en los talleres de
Formación Gráfica, S. A. de C. V.,
el día 24 de abril de 2006.
La composición tipográfica estuvo a cargo de
Verónica Hernández Landa Valencia
en tipos Sabon de 11, 10, 9 puntos.
El diseño de portada fue elaborado por
Samuel Flores Osorio.
La edición estuvo a cargo de
Mario H. Ruz y Guadalupe Martínez Gil,
y consta de 1 000 ejemplares
impresos en papel Cultural de 90 g.